(N° 272)   COLLECTION de feu M. CHARLES MALHERBE

Ventes des Jeudi 6, Vendredi 7 et Samedi 8 Juin 1912

HÔTEL DROUOT   SALLE N° 10

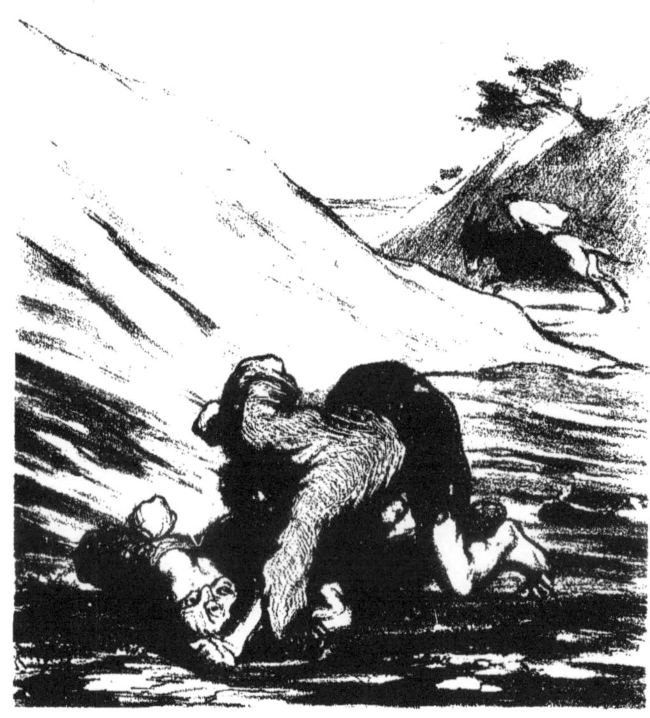

N° 212 du Catalogue.

LITHOGRAPHIES

DESSINS

Mᵉ ANDRÉ DESVOUGES.   M. LOYS DELTEIL

FRAZIER-SOYE

GRAVEUR-IMPRIMEUR

153-155-157, Rue Montmartre

PARIS

CATALOGUE

DES

ESTAMPES

ET DES

DESSINS

MODERNES

Composant la collection de feu M. Charles Malherbe

Dont la vente aura lieu

à Paris, HOTEL DROUOT, Salle N° 10

Les Jeudi 6, Vendredi 7 et Samedi 8 Juin 1912

à 2 heures précises

Par le Ministère de Mᵉ ANDRÉ DESVOUGES

COMMISSAIRE-PRISEUR

26, Rue de la Grange-Batelière

Assisté de M. LOYS DELTEIL, Graveur et Expert

2, Rue des Beaux-Arts

CONDITIONS DE LA VENTE

Elle sera faite au comptant.

Les adjudicataires paieront *dix pour cent* en sus des enchères.

M. Loys Delteil remplira les commissions que voudront bien lui confier les amateurs ne pouvant y assister.

MM. les Amateurs pourront visiter la collection, *2, rue des Beaux-Arts*, du Jeudi 30 Mai au Mardi 4 Juin 1912, de 2 heures à 5 heures *(le Dimanche excepté)*.

ORDRE DES VACATIONS :

Jeudi 6 Juin	N° 1 à 225.
Vendredi 7 Juin	N° 226 à 461.
Samedi 8 Juin	N° 462 à la fin.

DÉSIGNATION

ADAM (Victor)

1. Partie de l'œuvre : Sujets divers, alphabets, albums, chevaux et voitures, costumes et scènes militaires, etc. Environ 1.400 pièces, en partie *coloriées*, et 12 albums.

2. *Fêtes des Environs de Paris*, — Paris, Chaillou-Potrelle, 1830, couv. et suite complète de 12 pl. (une pl. suppl. ajoutée).

3. Combat du taureau. Suite complète de 12 pl. coloriées, avec couverture, en un album, demi-rel.

4. *Histoire de Napoléon*. Suite de 12 pl. — *Souvenirs des Armées Françaises* 1833. Suite complète de 8 pl. sur chine — *Histoire de Napoléon et de la Grande Armée*. Suite de 17 pl. (16 coloriées). Ensemble 37 pl. (3 couvertures ajoutées).

5. *Retour en France des dépouilles mortelles de Napoléon* Paris, 1840 : Suite de 19 pl. avec couverture — (on y a joint 14 doubles, 2 pl. par Coupé d'après Adam, et 2 *dessins originaux*). Ensemble 37 pl.

ADAM (Albert) — ARAGO — BOUCHOT

6. Planches de la Caricature — Proverbes — Actualités — Les Bonnes Têtes Musicales, 80 pl., en partie *coloriées*.

ADRESSES, MENUS, PROGRAMMES

7. Environ 600 pl. y compris des doubles, par ou d'après Chartiran, Detaille, Somm, Robida, Ibels, Charpentier, Truchet, Steinlen, etc., en partie du *Bon Bock*.

ANDRIEUX — BAPTISTE — CORNILLE DELAPORTE

8. Titres de romances — Choses et autres — Costumes —· Les Pompiers de province — Les Musiciens Aveugles — Le Mendiant — Le Dîner Champétre, etc. Environ 60 pl. plusieurs *avant la lettre* (quelques doubles).

ARTISTE (l')

9. Pièces parues dans l'ARTISTE. Environ 1000 planches par Bellangé, Charlet, Bracquemond, Gigoux, Mouilleron, Johannot, Scheffer, Chaplin, Nan-

teuil, L. Robert, Pigal, Roqueplan, de Lemud, etc., — On a joint 150 pièces diverses.— Quelques doubles.

AUBRY (Ch.) — LAMI (Eug.) — LEPRINCE (A. X.)

10. Esquisses historiques des différents corps qui composent l'armée française — Panorama du Bois de Boulogne — Soirée du Grand Monde — Quadrille de Marie Stuart — Croquis faits d'après nature dans Paris, Juillet 1830 — Inconvénients d'un Voyage en Diligence — Cinquante pl., plusieurs *coloriées* (quelques doubles).

BEAUMONT (Édouard de)

11. Au Bal masqué, 70 pl., appartenant à diverses séries (4 *avant la lettre*, plusieurs *coloriées*).

12. Fariboles, 180 pl. (en partie en albums), quelques-unes *coloriées*.

13. PARTIE DE L'ŒUVRE : A la campagne — Le Carnaval de 1853 — Le Quart de Monde — Dialogues parisiens — Les Grecs de Paris — Croquis Parisiens — Croquis d'Eté — Les Jolies Femmes de Paris, etc. Ensemble, environ 470 pièces (quelques-unes *coloriées*).

BELLANGÉ (Hippolyte)

14. PARTIE DE L'ŒUVRE : Fantaisies ; Albums : Titres de Musique ; Costumes militaires : Croquis ; pl. de l'*Artiste* et de la *Caricature*, etc. Environ 670 pièces (quelques-unes en épreuves d'état).

15. Uniformes de l'armée Française. Série de 108 pièces (moins les pl. 104, 105, 106 et 107), soit 104 pl. Très belles épreuves, *coloriées*.

16. La même série en noir, 82 pl. Belles épreuves.

17. Doubles de la série coloriée 50 pl.

BOILLY (Louis)

18. Grimaces. Réunion de 89 planches de divers tirages, quelques-unes en double avec différences dans le numérotage. Belles épreuves, de marges variées et *coloriées* (sauf 12).

19. Les Commissionnaires — Le Mendiant — Les Tailleurs de pierre — La Bonne aventure — Le Coup de peigne, etc. Sept pièces. Belles épreuves.

20. Le Mendiant — La Vielleuse — La Partie de
piquet — Le Bonnet de Grand'Mère — Les Jouets
du Jour de l'An, etc. Quatorze pièces (y compris
3 pl. d'apr. Boilly).

BONINGTON (R. P.)

21. PARTIE DE L'ŒUVRE : Vues de France (Bon Taylor) —
Vues pittoresques de l'Ecosse — Sujets de Genre —
Restes et Fragments d'architecture, etc. Quarante
pièces, la plupart en belles épreuves.

BONINGTON — DELAROCHE — LAMI

22. *The Lithographic Album of Sir Walter Scott's
readers or 12 sketches...* London, *Colnaghi,* 1829.
Couv. et suite complète de 12 pl. — Bel exemplaire sur chine.

BOUCHOT (Frédéric)

23. Les Métiers — Le Chapitre des Illusions — Les
Embellissants de Paris — Haute Politique —
Trop tard, etc. Cent soixante-neuf pl. (15 *avant
la lettre*).

24. Les Comédiens — Les Quartiers de Paris — Revue
caricaturale, etc., 23 pl. (13 *coloriées*).

BOUQUET (Michel)

25. *An Artist's ramble in the north of Scotland.*
Frontispice et 24 pl. (3 par Gavarni, M. et B.
1565-1567), en 1 album in-fol. demi-chagr.
rouge.

26. Le même ouvrage. Bel exemplaire en épr. *coloriées*, sans marges, fixées sur papier fort. Un
album in-fol., cartonn. (quelques pl. déreliées).

CARICATURE (La)

27. LA CARICATURE MORALE, RELIGIEUSE, LITTÉRAIRE ET
SCÉNIQUE. — Paris, *Aubert* (4 Novembre 1830 au
27 Août 1835); 10 tomes en feuilles, en 10 boîtes
et 10 cartons.

Importante publication renfermant 524 lithographies par Daumier, Traviès, Grandville, Forest, Monnier, etc.

Très bel exemplaire complet des planches, texte, tables et couvertures (sauf les couv. des T. VIII et X qui sont en retirages, et la table du T. X). Le texte est ici, pour presque tous les numéros, en deux ou trois exemplaires (états ou doubles) et les planches sont presque toutes en 2, 3, 4 ou même 5 épreuves (épreuves d'état ou doubles en noir, coloriées, sur chine) : On a joint le portrait de Philipon, l'affiche de Grandville et le numéro spécimen avec ses deux lithographies, et 30 planches de l'ASSOCIATION MENSUELLE (y compris des doubles), dont la pl. de Daumier « *Très hauts et très puissants Moutards* ».

28. LA CARICATURE PROVISOIRE (1er Novembre 1838 au 31 Décembre 1843). — Exemplaire en feuilles du texte et des planches (incomplet), par Daumier, Gavarni, Grandville, Traviès, etc.

CARICATURES

29. Le Gazettier de Coblentz. Belle épreuve *coloriée* (a été pliée).

30. Caricatures Anglaises (chez Vallardi) (n° 6 à 10, 12) — Caricatures Hollandaises (n° 1 et 2) — Degrés des Ages (chez Basset) — Les Montagnes Russes au Vaudeville — L'Accolade Perfide, le Baiser impossible — La Lecture du Journal ou les Gobe-Mouches de Province — Distraction d'un afficheur — L'Incomparable et unique Barnaba — Suprême Bon Ton (n° 5), etc., 25 planches, *coloriées* (sauf 4).

31. The Wig, the hat and the cane — Caricatures anglaises (n° 6, 8, 9, 12) — Etrennes à Loies — Les Grimacières — Les Grimaciers — Elle ne passera pas !! — Le Jour de Barbe d'un romantique, etc., Trente-cinq pl. (19 *coloriées*, 7 *certificats de tirage*).

32. Le Fruit équivoque — L'Eclipse — Je vous en
ratisse — Le Bureau de loterie — Le Jour des
Noces — Macédoine — Le grand Diable d'argent
— Le Vieil Amateur — Ramasse ton bonnet —
Les Passions (n° 4) — Environ 40 pl. (30 *colo-
riées*).

33. Caricatures diverses, 45 pl. par Damourette,
Dighton, Heath, Aug.r, etc. (plusieurs *coloriées*).

34. Caricatures diverses. Environ 500 pièces par
Adam, Durandeau, Regnier et Bettanier, Robillard et autres.

35. Caricatures politiques, la plus grande partie
relatives à Charles X et à Louis-Philippe. Importante réunion d'environ 1,500 pièces (un certain
nombre *coloriées*).

CHAM (Amédée de Noë, dit)

36. Partie de l'œuvre : Actualités — Croquades politiques — Croquis du Jour — Guerre d'Italie —
Mr Papillon — Chargeons les Russes, etc.
Environ 1,200 pièces (en partie *coloriées*,
quelques-unes *avant la lettre*).

CHARLET (N. T.)

37. Œuvre de N. T. Charlet : Scènes et costumes
militaires — Sujets de genre — Etudes diverses
— Pièces non terminées, etc. Importante et
précieuse réunion d'environ 1500 pièces formant
l'œuvre complet (moins les n^os suivants du cat.
La Combe : 23, 25, 28, 37, 40, 41, 45, 47, 52, 75,
93, 196, 198, 224, 313, 356, 363 à 365, 368, 521, 530,
589, 682, 950, 999, 1061, 1062, 1064, 1070, 1072,
1073, 1079 à 1082, 1086). La plupart des pièces
sont en très belles épreuves, et proviennent
en grande partie de la collection du capitaine
Bocher.

CHERET (J.)

38. L'Eventail, 1889. Très belle épreuve *tirée en sanguine*, sur teinte.

COSTUMES

39. Bals d'Artistes, par Maleuvre, Nargeot, etc., 64 pl. (d'une suite de 80 pièces), épr. de *certificat* de tirage.

40. *Collection des Costumes, armes et meubles pour servir à l'histoire de France, par le Cte de Viel-Castel*. T. IV, texte et pl. 1 à 120 (quelques doubles) — *Modes et Costumes Historiques étrangers*, 86 pl. (sur 96). Ensemble 210 pl. *coloriées*.

41. *Musée Cosmopolite, Musée de Costumes :* Algérie, Allemagne, Bavière, Amérique, Egypte, Italie, Russie, Suède, etc. Environ 400 planches d'après d'Hastrel, Compte-Calix, Beauce, A. Leleux et autres, par Flameng, Girardet, Nargeot, Varin. Très belles épreuves *coloriées* (quelques-unes en *bon à tirer*).

42. *Musée de Costumes (chez Aubert)*. Quatre-vingt-sept pl. par Ahdi et Vernier. Belles épreuves (la plupart en *certificats de tirage*, quelques doubles).

43. Costumes divers, environ 70 pl. par Devéria, Vernier, Robida, etc. (plusieurs *coloriées*).

44. Costumes divers. Environ 220 pl. par Grenier, Vigneron, Stoop, Lassale, Belliard, etc.

45. *Armée Française*, par Hippolyte Lecomte, Paris, *Hautecœur-Martinet*, s. d.; 73 pl. Belles épreuves.

46. Costumes militaires et pièces diverses relatives à l'Armée. Environ 240 planches.

DAMOURETTE — GENIOLE — GRAP (E. de) DEVRITS

47. Les Chattes parisiennes — Parisiennes — Les Femmes de Paris — Loges Fashionables — Caricatures militaires, etc., soit 60 planches (en partie *coloriées*).

DARJOU (A.)

48. Actualités — A la Campagne — A l'Exposition Universelle — En chasse — Plaisirs de Bade — Voyage en Bretagne, etc. Environ 270 pièces, y compris 8 dessins.

DARJOU (A.) et LEROUX (A.)

49. *Costumes Bretons.* Suite de 20 pl. en doubles épreuves (1° avec la lettre *manuscrite*, 2° avec lettre). On a joint 9 doubles, soit 49 pl. *coloriées*.

ŒUVRE

DE

DAUMIER (Honoré)

50. Daumier (H.) par Feuchère, 1847. Très belle épreuve sur chine. Rare.

50 *bis.* Six planches photographiques reproduisant 34 bustes de Daumier, réunies en 1 alb. in-4°. Exemplaire de Champfleury, avec annotation *manuscrite* du célèbre critique, et l'indication : *Cette collection n'a été photographiée qu'à douze exemplaires, Eug. Philipon.*

51. PORTRAITS EN PIEDS DE LA CARICATURE (H. et L. D. 5, 8, 14, 46, 49, 68, 82, 97, 98, 103, 105, 138, 153, 157, 161, 166, 172 et 191). Suite complète de 18 pièces. Très belles épreuves sur chine (quelques piqûres).

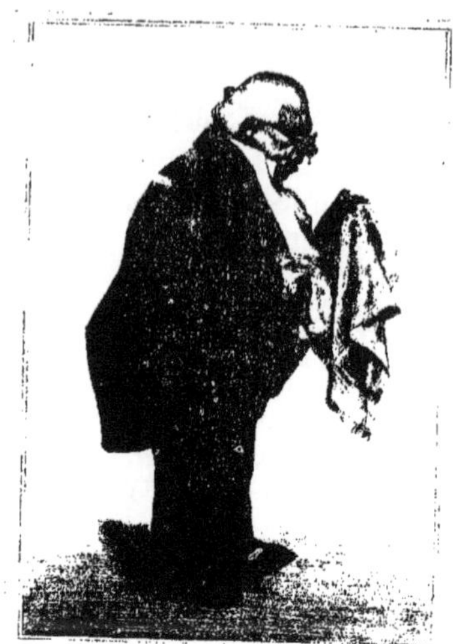

N° 51 du Catalogue.

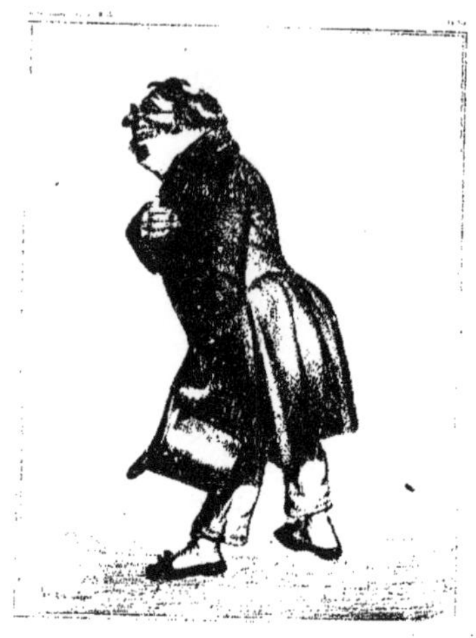

N° 51 du Catalogue.

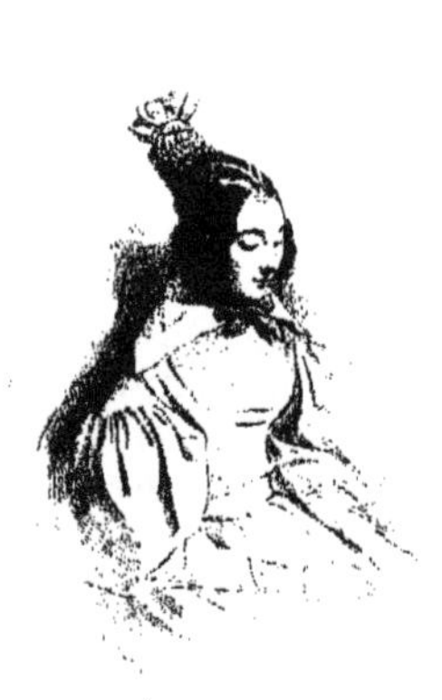

N° 269 du Catalogue.

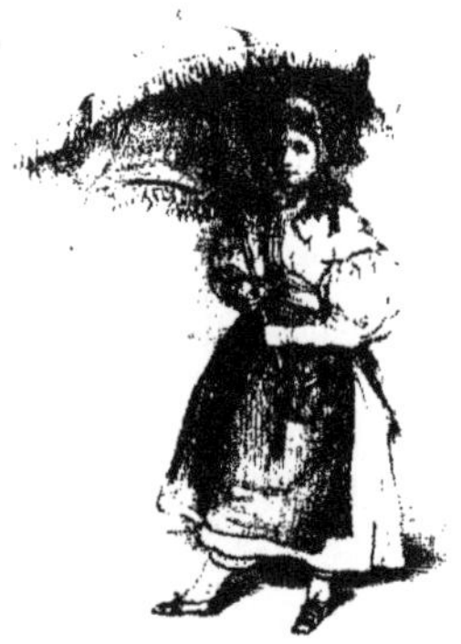

N° 268 du Catalogue.

52. Argout (d') (4) — Dupin (62) — Lameth (111) —
Persil (149 *bis*) — Soult (178). Suite de 5 pl.
Belles épreuves (4 sur chine).

53. D'Argout (4). — Gaudry et Lecomte (86). — Jolli-
vet (103). — Louis Philippe (126). — Morey (136).
— Odry (140). — Persil (149 *bis*). — Plougoulm
(22.000 frcs d'amende) (152). — Sebastiani (173).
— Soult (178). — Dix pièces. Belles épreuves
(5 *coloriées*).

54. Doubles des séries précédentes, 29 pl. (y compris
des doubles).

55. Odry (Jacques-Charles), comédien. Superbe
épreuve *avant la lettre*, d'une pièce *non décrite*.
Seule épreuve connue.

56. Où M. Bancel déracine un olivier (9 R R R). Trois
très belles et très rares épreuves des 1ᵉˢ et 2ᵉ états.

57. Bergeron et Benoit (18). — Boireau (26). — Fieschi
(76). — Lagrange (108). — La Roncière (117). —
Pépin (148). Six pièces. Belles épreuves (mouil-
lures).

58. Besnard (22). — Degousée (48). Deux pièces. Très
belles épreuves *avant la lettre*.

59. Duvergier de Hauranne (66). — Luneau (127). —
Deux pièces. Très belles épreuves *avant la
lettre*.

60. Rateau (159). — Schœlcher (171). — Deux pièces.
Très belles épreuves *avant la lettre*.

61. Mᵐᵉ de la Piconnerie (31). — Viennet (192). —
Royer-Collard (557). — Montalivet (558). —
L'abbé Loup (559). Cinq pièces. Très belles
épreuves, une de la collection Champfleury.

62. Chevandier de Valdrome (39). — Lefebvre (123).
— Vatout (187). — Viennet (192). Quatre pièces.
Très belles épreuves (une sur chine).

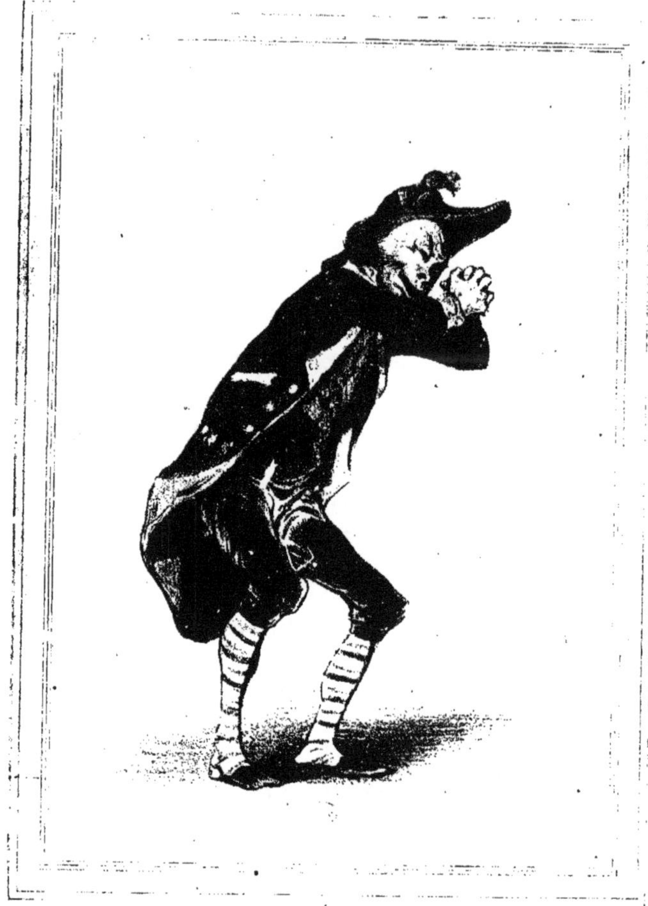

N° 55 du Catalogue.

63. JUGES DES ACCUSÉS D'AVRIL : Girod (88). — Rousseau (165). — Verhuel (189). — Semonville (175). — Thiers (181). — Rœderer (162). — 2 pl. — Choiseul (Duc de) (40 R). — Lannes (113). — Lascours (118). — Siméon (177). — Barbé-Marbois (11). — Gazan (87). — Neuf pièces.

64. Jacquinot-Godart (102). Très belle épreuve.

65. Henri Monnier, rôle de Joseph Prudhomme (134). Très belle épreuve sur chine.

66. L'Epicier qui n'était pas bête (198). — Enfoncé les bons gendarmes (201) 1ᵉʳ état R R. — Enfoncé le service (202 R R) (cassure). — Vas Poulot (206 R R). — Le Patrouillotisme chassant le patriotisme (209). — Un héros de Juillet (213). — Les Bons Gendarmes : tiens bien la porte (3960 R). Sept pièces. Belles épreuves (3 *coloriées*).

67. Vas poulot (206 R R). — Aux petits des oiseaux (208 R R). — Un héros de Juillet (213) 2 épreuves. — Nous n'avons plus besoin de vous (211 R R). Cinq pièces. Belles épreuves (4 *coloriées*).

68. Monseigneur, s'ils persistent.... (210) (cassure). — Nous n'avons plus besoin de vous (211). — Un cauchemar (212 R R). — A Aix, à Marseille (215). — Pauvres moutons (217). — Cinq pièces. Belles épreuves, *coloriées*.

69. Nous n'avons plus besoin de vous (211 R R). — Je dépose cela dans vos consciences (222 R R) 2 épreuves (1 *coloriée*). — Trois pièces. Belles épreuves.

70. Gargantua (214 R R R). Belles épreuves (piqûres et petites taches de colle).

71. Dieu, ai-je aimé cet être là (216). — Pauvres moutons, ah.... (217). — Conférence de Londres (218). — Le juste milieu va bien (219). — Nous n'avons pas la croix (220). Six pièces. Belles épreuves (5 *coloriées*).

72. Caricatures Politiques, pl. 24 et 44 (218 et 563). —
Courage... (197). — Le Boulevard (238 et 242). —
Bal de la Cour (553 et 562). Huit pièces (5 *coloriées*).

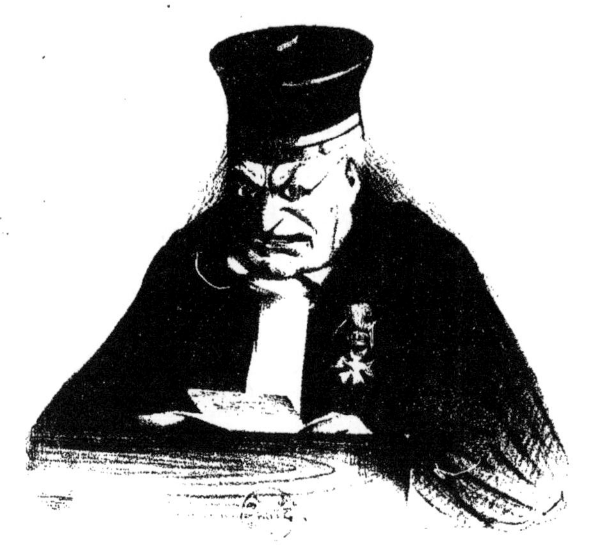

N° 64 du Catalogue.

73. Les Blanchisseurs (221 R R R), 1ʳʳ et 2ᵉ états. Deux
pl. Belles épreuves, *coloriées*.

74. Souvenir de Ste-Pélagie, grande pl. (225 R). Belle
épreuve (piqûres).

75. Alphabets (226), 1 pl. (sur 2) et (227). — La Bonne
Grand'mère (3954). — Le Malade (3955). — Album
du Siège, suite complète de 10 pl. — Actualités,
etc. 19 pl. On a joint 14 portraits de Daumier
et diverses pièces d'après lui.

76. La Visite au Salon (229 R). Très belle épreuve sur
    chine.

77. Titres de Musique (235-237). Série complète des
    3 pl. Belles épreuves.

78. Le Dimanche au Jardin des Plantes (239). Très
    belle épreuve du 1er état sur chine.

79. Le Nouveau Paris (240). Très belle épreuve du
    1er état, sur chine.

80. A Travers les Ateliers (241 R). Très belle épreuve
    sur chine.

80 *bis*. Paysagistes au travail (246). Très belle épreuve
    sur chine.

81. Nadar élevant la Photographie à la hauteur de
    l'Art (243). — En v'la une.... (244. — 1er état).
    Deux pl. Belles épreuves sur chine.

82. Le Cauchemar (249). — Masques de 1831 (250). —
    Le Charenton ministériel (251). — Chimère de
    l'Imagination (254). — Ah ! his !... (252). — Le
    Passé, le Présent, l'Avenir (261). Six pièces.
    Belles épreuves (4 sur chine).

83. Masques de 1831 (250). — Ah, tu veux te frotter à
    la presse ! (259). — Très bien. Très bien (279). —
    Marie-Louise Pairie (285), etc. Dix pièces. Belles
    épreuves.

84. Le Charenton ministériel (251). — La Cour du
    Roi Pétaud (253). — Le Passé, le Présent, l'Ave-
    nir (261). — Quelle sale représentation (303).
    Cinq pièces. Belles épreuves (2 *coloriées*).

85. Cortège du Commandant Général des Apothi-
    caires (256). Très belle épreuve, *coloriée*.

86. Primo saignare (260). — Repos de la France (269).
    — Un rentier des bons royaux (272). — Pour un
    pauvre Américain (292). Quatre pièces. Belles
    épreuves.

87. Philippe, mon père.... (262). — Mlle Etienne Jo-
conde.... (263). — Yeux noirs... (264). — Récom-
pense honnête... (265). — Gros Cupide (266).
Cinq pièces. Belles épreuves (2 sur chine).

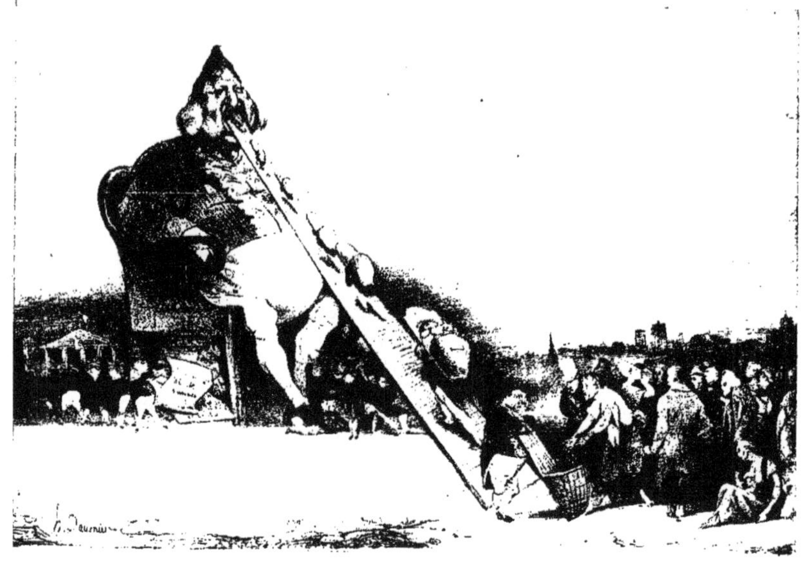

N° 70 du Catalogue.

88. Voyage à travers.... (267). — Baissez le rideau
(271). — Où allons-nous (274). — La Tête bran-
lante (275). — Le Moulin du Télégraphe (276). —
Les Honneurs du Panthéon (277). — Très bien !
très bien !... (279). Sept pièces. Belles épreuves
(2 sur chine).

89. Repos de la France (269). Très belle épreuve sur
chine.

90. Celui-là, on peut le mettre en liberté !... (270). Très
belle épreuve sur chine.

91. Nous sommes tous d'honnêtes gens... (280). — Les
Mannequins politiques (281). — Petits! petits !...
(282). — Un grand mortier... (283). — Le Triom-
phateur (284). — Marie-Louise Pairie (285). —
Gros-Jean Buzeaud (297). Sept pièces. Belles
épreuves (2 sur chine).

92. Le Fantôme (300). — Vous avez la parole (301).
Deux pièces. Belles épreuves (une sur chine)

93. Le Ventre législatif (306). Superbe épreuve sur
chine.

94. Ne vous y frottez pas !! (308). Très belle épreuve
sur chine.

95. Enfoncé Lafayette !... Attrape, mon vieux (309).
Belle épreuve sur chine.

96. Rue Transnonain, le 15 avril 1834 (310). Très belle
épreuve sur chine.

97. Actualités (311 et suiv.), 6 p. — Caricatures du
jour, 8 p. — Revue caricaturale, 6 pl. — Vulgarités, 6 pl. — Proverbes de famille (368-369),
2 pl.... etc., soit 30 pièces (10 *coloriées*).

98. Mésaventures et désappointements de M. Gogo
(340-344), frontispice 2 états, et 4 pl. — L'annonce
et la réclame (325 et 326), 2 pl. — Floueries
modernes (339). — Association en commandite
(607). — Les Robert Macaire (2° série) (2496-2512)
12 pl. (sur 20), soit ensemble 22 pièces.

99. Les Musiciens de Paris (350-355), suite complète
avec double, certif. de tirage, soit 7 pl. — La
Pêche (356-362), 6 pl. (sur 7) (une en double,
coloriée). — Les Saltimbanques (373-374). Seize
pièces.

100. La Pêche (356-362). Suite complète de 7 pl. Belles
épreuves.

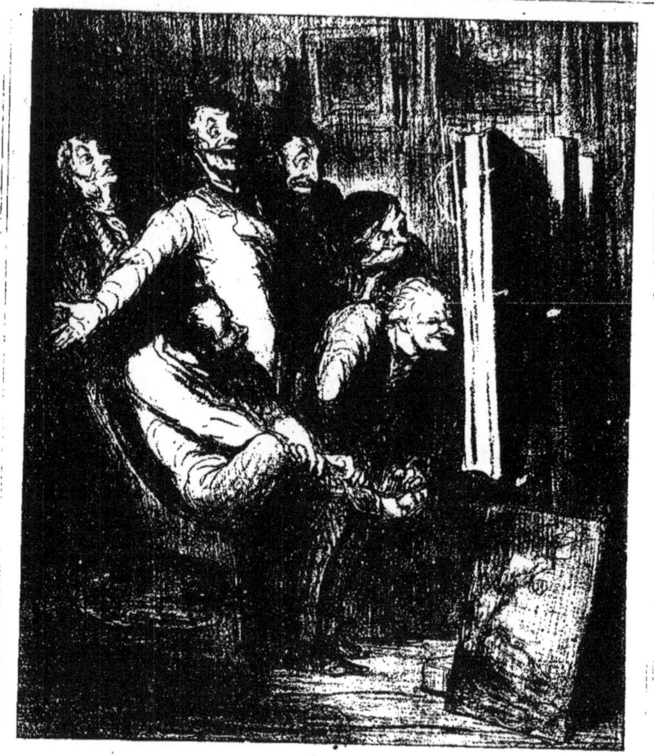

N° 80 du Catalogue.

101. Les Pratiques des marchands du Paris (305 et suiv.)
suite complète — Les cinq sens (331-335) 4 pl.
(sur 5) — Les Canotiers parisiens (988) 2 pl. —
Les Carottes (1095-1100) 5 pl. (sur 6), soit ensemble
17 pl. Belles épreuves.

102. Une mission délicate (439). Très belle et rare
épreuve *avant la lettre*. (On y a joint 3 épreuves
de tirages différents).

103. Vas te coucher, Figaro (440) — Les traineurs de
sabre (448) — Tiens peuple, tiens bon peuple
(451) — Le Napoléon de la Paix (453) — Une
légère partie des pièces du .petit procès (454)
2 épr. — La cour rend des services.(455). Sept
pièces. Belles épreuves (1 *coloriée*).

104. Souvenir de Sr Pélagie, petite pl. (444). Très belle
épreuve.

105. Les Intrépides (446). Superbe épreuve sur chine.

106. Enfoncé le tiers parti ! (449). — Tiens peuple . . .
(451). — Certains avocats officieux (456) — Garrre
à vous . . . (457) — La Pauvre bête tombe sour le
fardeau (470) — La livre de tabac me coûte 10
sous (480) — Jubilations de Mr Filouchippe (493.)
Sept pièces. Belles épreuves (2 sur chine).

107. Grrrrand déménagement du Constitutionnel (459).
Très belle épreuve, marges réparées.

108. La tentation du nouveau St Antoine (464). Très
belle épreuve.

109. Planches isolées exécutées à la plume lithographique (466-503). Treize pièce (dont 2 doubles sur
chine). Belles épreuves.

110. Le bois est cher (530) — Tiens, Eudoxie (544) —
Un alibi (540) — Au bois de Boulogne (552) —
Une visite à la Bibliothèque (553) — A vingt ans
(554). Six pièces. Belles épreuves (une *coloriée*).

111. Un Citoyen exaspéré par les buffleteries (545).
Belle et très rare épreuve du 1er état, *avant la
lettre*, avec la légende *manuscrite* et l'annotation:
faire trois reports et tirer tout de suite.

112. Modèle colossal de Pain d'Epices (563) — V'la,
V'la l'coco (565) — Hé ! la chian...li (571) — Je
suis content de vous (573). Quatre pièces. Très
belles épreuves (2 *coloriées*).

N° 93 du Catalogue.

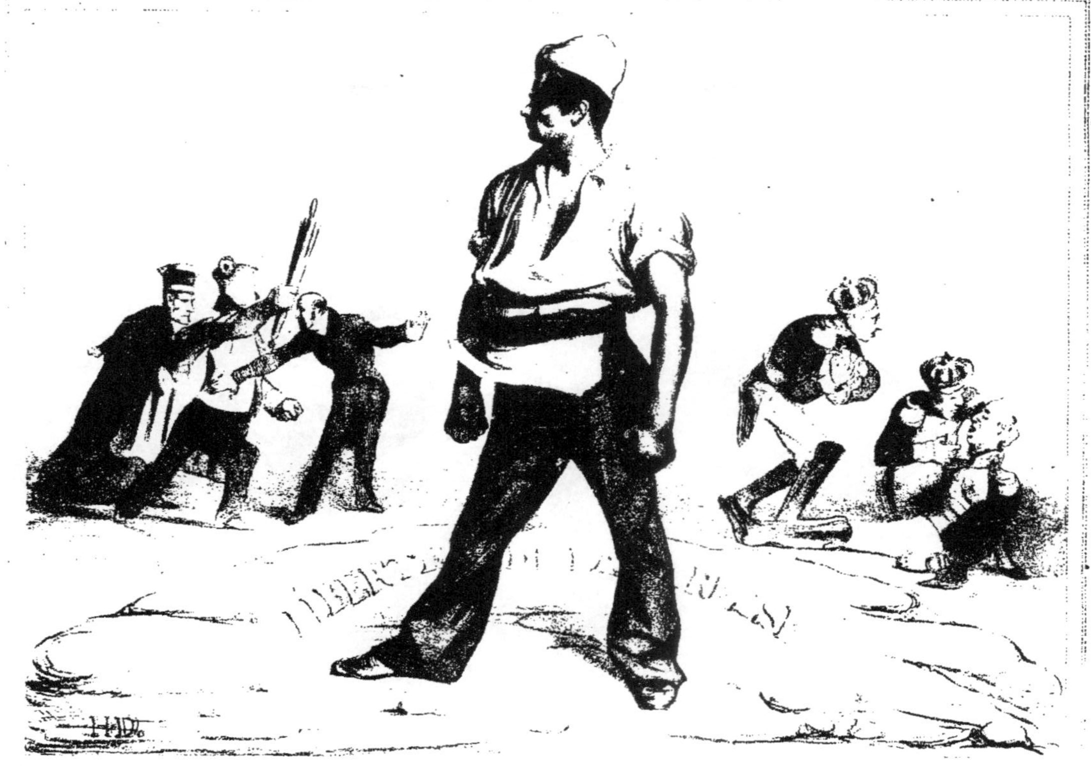

N° 94 du Catalogue

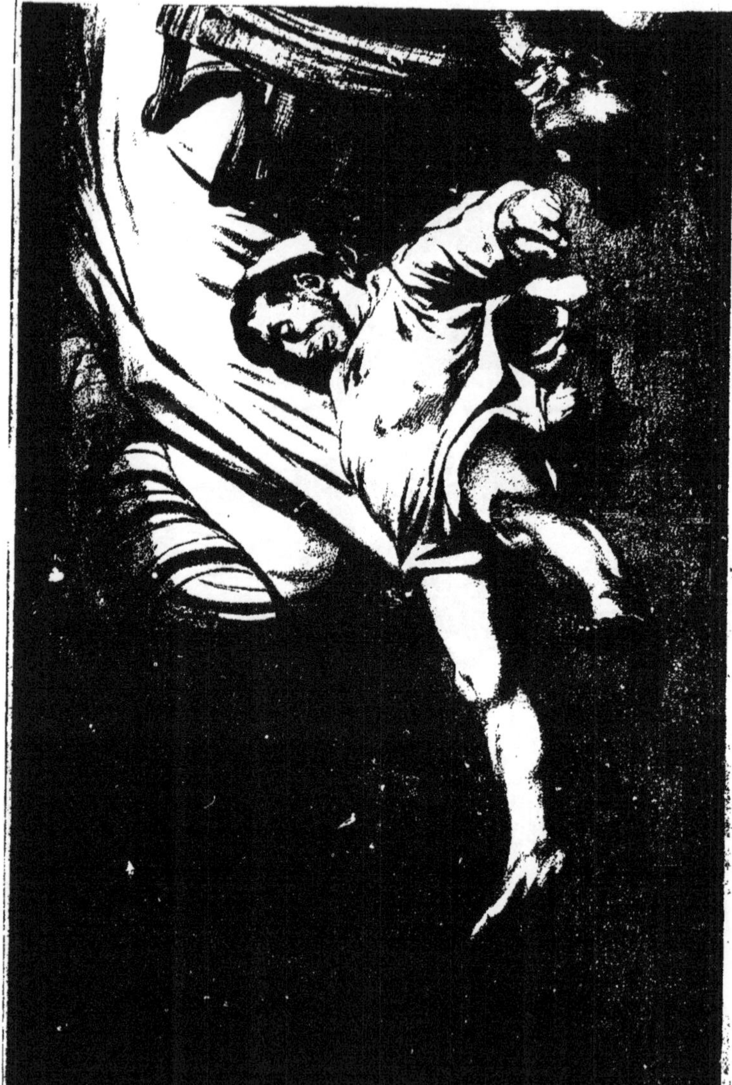

Nᵒ 96 du Catalogue.

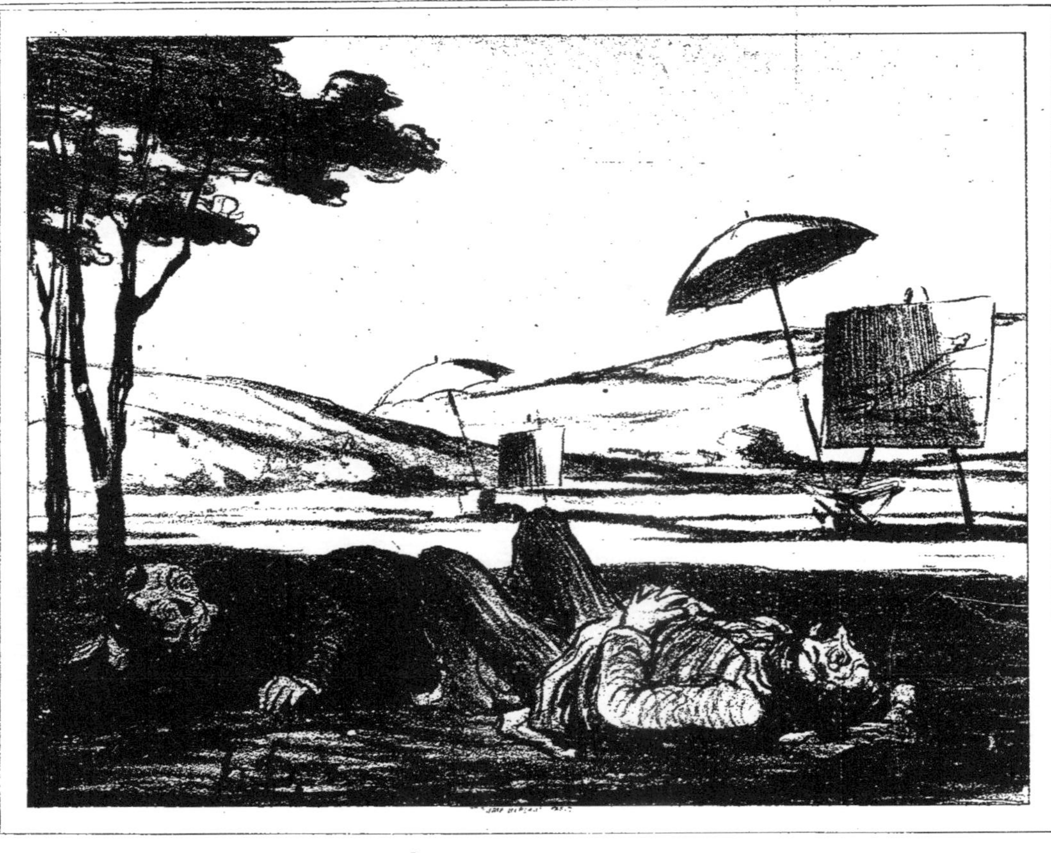

Paysagistes au travail...

N° 85 bis du Catalogue.

113. La Famille d'Arg... (560) — Un nouveau nez (567)
     C'est usé (572) — Les Plaisirs de l'Hiver, pl. 2,
     4, 6, (2393, 2395, 2397). Six planches. Belles
     épreuves (3 *coloriées*).

114. Les Agréments des chemins de fer (575) 1 pl. —
     Les Artistes (604) 1 pl. — Croquis pris au Théatre
     (1572) — Les Paysagistes (2266) — La salle des
     Ventes (2513) 1 pl. (sur 2). Cinq pièces. Très
     belles épreuves (4 avec certif. de tirage).

115. A la brasserie (576-579) 3 pl. (sur 4) — Au bal
     masqué (608) — Aux bains de mer (615-621) 3 pl.
     (sur 7) — Aux courses (622) — Croquis pris au
     théatre (1569-1576) 3 pl. — Croquis parisiens
     (1461 et suiv.) 6 pl. — Croquis pris à l'exposition
     (1554-1558) 1 pl. — Croquis variés (1577). En-
     semble 19 pl. Belles épreuves (7 *coloriées*.)

116. Album de la Guerre (D. page 147). Suite complète,
     couverture et 20 pl. par Daumier, Cham, etc.
     Deux exemplaires.

117. Album des Charges du Jour. (D., page 147).
     Frontispice et suite complète de 30 pl. dans la
     couv. de publ.

118. Les Artistes à la campagne (606) — Au Salon (614)
     Au Camp de S' Maur (609-613) — Au Bivouac, etc.,
     31 pl. Belles épreuves (15 *coloriées*).

119. Les Baigneurs (627-655). Suite de 30 pl. (incomplète
     de 5 pl.) soit 25 pièces. Belles épreuves.

120. La même série, 23 pl. (y compris des doubles) —
     Les Baigneuses (656-673), 8 pl. (sur 17), soit en-
     semble 31 pièces.

121. Les Beaux jours de la vie (725-825) 28 pl. (sur 100)
     (12 *coloriées*).

122. Bohémiens de Paris (826-852) 5 pl. — Emotions
     parisiennes (1630-1666) 14 pl., soit dix-neuf pièces
     (11 *coloriées*).

123. Les Bons bourgeois (854 et suiv.). Treize pièces.

124. Caricaturana (Robert-Macaire) (989-1090). Suite complète de 100 pl. Belles épreuves, *coloriées*.

125. La même série en noir (moins les pl. 73, 76, 82, 83, 92), soit 95 planches. Belles épreuves (cassure à une pl.).

126. La même série (moins les pl. 69, 72, 75, 76, 81, 87, 90 à 93, 95 à 98), soit 87 planches. Belles épreuves, *coloriées*.

127. Robert-Macaire, pl. 76 (1066). Très belle et très rare épreuve du 1er état, *avant la lettre*.

128. Chargeons les Russes (D., page 267). Suite complète des 15 pl. par Daumier. Belles épreuves, *coloriées*.

129. La Chasse — Emotions de chasse (1127 et suiv.-1593 et suiv.) 35 planches.

130. Les Chemins de fer (1136 et suiv.) — La Fluidomanie — Les Moments difficiles de la vie. — Les Chinois de Paris, etc., soit 96 pl. On y a joint un album : *La Guerre pour Rire*.

131. Les Comédiens de société (1166-1181). Suite complète de 16 pl.

132. La Comète de 1857 (1182-1191) pl. 1 à 6 et 9, soit 7 pl. Très belles épreuves (6 avec certif. de tirage).

133. Coquetterie (1192-1201). Suite complète de 10 pl. Belles épreuves (cassures à 2 pl.)

134. Les Cosaques pour rire (D., page 286) album contenant 15 lithogr. de Daumier, dans le cartonn. de publication. Belles épreuves, *coloriées*.

135. Croquis d'Automne (1247 et suiv.) — Croquis d'Eté (1306 et suiv.) — Croquis de Bourse — Croquis Parisiens — Croquis de Chasse, etc., 85 pl. (plusieurs *coloriées*).

136. Croquis d'Expression (1358-1409), pl. 1 à 8, 11 à 32, 35 à 38, 40-42, 45-46, 51-52, soit 41 pl. (36 *coloriées*) auxquelles on a joint 17 pl. par Plattel et Platier. Ensemble 58 p. Belles épreuves.

137. Croquis de Théâtre (1357) — Croquis d'Hiver (1411 et suiv.) — Croquis dramatiques — Croquis musicaux, etc., 35 pl. (plusieurs *coloriées*).

137 *bis*. Croquis Parisiens, 49 pl. appartenant à divers séries.

138. Flagorneries commerciales (1804) 2 épreuves (1 certif. du tirage) — Messieurs les Bouchers (2064-2066) — Messieurs les cochers (2067) — Messieurs les concierges (2068). Sept pièces. Très belles épreuves.

139. Flibustiers parisiens (1805 - 1810) · pl. 1 et 5 — Mesaventures et desappointements de M' Gogo (340-344) suite complète. Ensemble 7 pièces. (2 *coloriées*).

140. Galerie Physionomique (1823-1847), pl. 1, 3, 5 à 7, 10 à 17, 19, 21 à 24. (On a joint à cette série, les pl. 25 à 30 par Traviès). Ensemble 26 pièces *coloriées*.

141. Les Gens de Justice (1848-1886), pl. 6, 13, 14, 26, 30, 32, 34, 35, 37 à 39; onze planches. Belles épreuves (une *avant la lettre*), 3 *coloriées*, quelques numéros grattés.

142. Histoire ancienne (1901—1950). Suite de 50 pl. incomplète des pl. 40, 41 et 42), soit 47 pl. *coloriées* (sauf 10).

143. Doubles de la suite précédente, 46 pl. (une *coloriée*).

144. Idylles parlementaires (1951-1966). Suite de 16 pl. (manque la pl. 3). Vingt-six pièces, y compris des doubles.

145. L'Imagination (1978-1992), pl. 1 à 3, 7, 9, 11, 13 à 15. Quatorze pièces (y compris des doubles), dont 10 *coloriées* et une *avant la lettre*.

146. La Journée du Célibataire (1998-2009). Douze pl. Belles épreuves.

147. Locataires et propriétaires (2010-2044), 3 pl. — Vulgarités, 2 pl. — Les Papas (2143-2165), 4 pl. — Les Avocats et les plaideurs, 1 pl. — Les Canichomanes, 1 pl., etc. Ensemble 12 pl. (*8 coloriées*).

148. Les Marchands de Paris (2062-2063 R R R). Suite complète de 2 pl. *inédites*. Très belles épreuves.

149. Mœurs conjugales (2069-2117). Suite de 60 pl. (incomplète de 14 pl.), soit 46 pl. (15 *coloriées*).

150. Doubles de la série précédente, 23 pl. (14 *coloriées*).

151. Les Moments difficiles de la Vie (2120 et 2123). Deux pièces. Très belles épreuves (certificat de tirage.)

152. Monomanes (2125-2131), 6 pl. — Bas bleus. — Histoire ancienne, etc., 31 planches (8 *coloriées*).

152 *bis*. Paris l'hiver (3931). — Plaisirs d'été (3933). Trois pièces. Très belles épreuves *avant la lettre*.

153. Pastorales (2216-2265), 21 pl. (y compris des doubles), plusieurs *coloriées* (quelques-unes courtes de marges).

154. Pastorales, pl. 22 (2237). Très belle et très rare épreuve du 1ᵉʳ état, *avant la lettre*.

155. Les Paysagistes (2266-2269). — Les Philantropes du Jour. — Chapitre des Interprétations (1101 et suiv.) — Professeurs et Moutards, etc. Quarante-et-une pl. (9 *coloriées*).

156. Les Philantropes du Jour, pl. 18 (2290). Très belle
et très rare épreuve du 1ᵉʳ état, *avant la lettre*.

157. Les Philantropes du Jour, pl. 24 (2296). Très belle
et très rare épreuve du 1ᵉʳ état, *avant la lettre*.

158. Les Philantropes du Jour, pl. 27 (2299). Très belle
et très rare épreuve du 1ᵉʳ état, *avant la lettre*.

159. Physionomies de l'Assemblée (2307-2337), 26 pl.
(sur 31). Quarante pl. y compris des doubles.

160. Physionomies des chemins de fer (2338-2347). —
Les Trains de plaisir (2681-2695), 6 p. — Les Parisiens. — Les Parisiens en 1848. — Les Parisiens
en 1852. — Paris l'été, Paris lhiver, Paris qui
boit. — Les portiers de Paris (2401-2404), 3 pl.,
etc. Ensemble 28 pl. (6 *coloriées*).

161. Physionomies tragico-classiques (2350-2363). Suite
complète de 15 pl., *certificat de tirage*.

162. Physionomies tragico-classiques (2350-2363). Suite
complète de 15 pl. (les pl. 2 et 4 en double *avant
la lettre* R R R, les pl. 4, 7 et 14 en double, en
noir, soit vingt pièces). Belles épreuves (15 *coloriées*).

163. Physionomies tragiques (2364-2373). Suite complète de 10 pl. Belles épreuves ; on y a joint
6 épr. *coloriées*, soit ensemble 16 pièces.

164. La Pisciculture (2375-2380), suite complète de
6 pl. — La Société d'acclimatation (2560-2569),
suite complète de 10 pl. Vingt-deux pièces.
Belles épreuves.

165. Les Plaisirs de la campagne (2381), 2 épr. — Les
Plaisirs de la villégiature (2384-2391), pl. 1 à 4, 7
et 8. — Les Plaisirs des Champs-Elysées (2398),
suite complète de 3 pl., soit ensemble 13 pl.
(6 *coloriées*).

166. Proverbes et Maximes (2449-2460). Suite complète de 12 pl. Très belles épreuves.

167. Les Représentants représentés (D. page 526). Suite de 52 pl. (incomplète de 9 pl.), soit 43 pl. (y compris la pl. 23 R, ajoutée).

168. Les Représentants représentés (D. p. 526) : Assemblée législative. Suite complète de 37 pl. (la pl. 1 manque de conservation).

169. Robert-Macaire, 2ᵉ Série (2496-2512). Suite complète de 20 pl. Très belles épreuves, *coloriées*.

170. Salon de 1840. — Salon de 1857. — Scènes d'ateliers. — Scènes familières. — Scènes parisiennes. — Scènes parlementaires. — Sentiments et passions. — Silhouettes. — Les Spirites, etc. Trente-deux pl.

171. Tout ce qu'on voudra (2586-2655), 30 pl. (sur 70). — Tout ce qu'on voudra, 2ᵉ série (2660-2667), 4 pl., soit ensemble 34 pièces.

172. Types Français (2699-2709), pl. 1 à 18 et 21 (par Daumier et Travies), soit dix-neuf pièces. Très belles épreuves, *coloriées*.

173. Doubles de la série précédente, 6 pl.

174. Types Parisiens (2710 et suiv.), 27 pl. (10 *coloriées*).

175. Voyage en Chine (2719-2750), 24 pl. (sur 32), la pl. 32 R R R *avant la lettre*.

176. Vulgarités (2751 et suiv.). Suite complète de 10 pl. Belles épreuves (une pl. restaurée).

177. Actualités politiques (2763 et suiv.). Réunion de 440 pl. Belles épreuves, la plupart *coloriées*.

178. Ratapoil et Casmajou (2768). Très belle et très rare épreuve *avant la lettre*.

179. L'Union et l'Assemblée Nationale..., 1ʳᵉ pl. R R
(2969) et 2ᵉ pl. 1ᵉʳ état R R (2970). Deux pièces.
Très belles épreuves.

180. Manière dont on encourage les travailleurs français en Egypte (3033). Très belle épreuve. Très
rare.

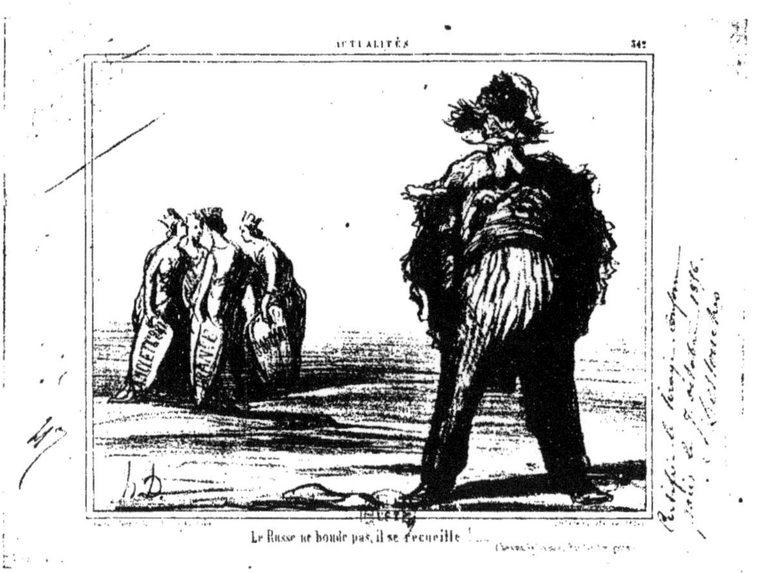

Nᵒ 183 du Catalogue.

181. Actualités (3035, 3119, 3123, 3150, 3700, 3768). Huit
pièces, épreuves *d'essai*, R R R, plusieurs *avec
différences*.

182. Commençant à ne plus faire le mort (3101). Très
belle épreuve. Très rare.

183. Le Russe ne boude pas, il se recueille! (3102). Très
belle épreuve. Très rare.

184. A Naples, Mazza... (3103). Très belle épreuve. Très
rare.

185. A droite ou à gauche ?... (Emile Ollivier) (3135).
Belle épreuve. Très rare.

186. Une Séance de magnétisme (3160). Deux très
belles épreuves, une du 2ᵉ état, très rare, avec la
légende : *Un brin de toilette rajeuni.*

r87. Exercices de l'Hercule Prussien (3169). Très belle
et très rare épreuve du 1ᵉʳ état, avec la légende :
Renouvellé...

18S. Le Journal en blanc (3175). Deux superbes épreuves,
une du 1ᵉʳ état, très rare, avec la légende : UN
JOURNAL BLANC.

189. Le Sénateur du Belvédère (3188). Très belle
épreuve. Très rare.

190. Halte ! ! ! (3198). Deux très belles épreuves, dont
une du 1ᵉʳ état, très rare, *avant* la légende modifiée.

191. Voilà un inventeur de fusils... (3199). Deux très
belles épreuves, une du 2ᵉ état, très rare, *avant*
la légende modifiée.

192. Renouvelé des petites Danaïdes (3218). Deux très
belles épreuves, dont une du 2ᵉ état, rare *avant*
les mots : Traités... etc.

193. C'est égal les lauriers... (3250). Deux très belles
épreuves, dont une du 2ᵉ état, très rare, *avant* la
modification de la légende.

194. Invention charivarique (3253). Deux très belles
épreuves, dont une du 1ᵉʳ état, très rare, *avant* la
légende modifiée.

195. Attention ! (3256). Deux très belles épreuves, une
du 1ᵉ état, très rare, *avant* la légende modifiée.

196. Madame déménage ! (3269). Très belle épreuve.
Fort rare.

197. Chauds les gros ! Chauds... (3322). Deux très belles épreuves, une du 2ᵉ état, très rare, *avant* la légende modifiée.

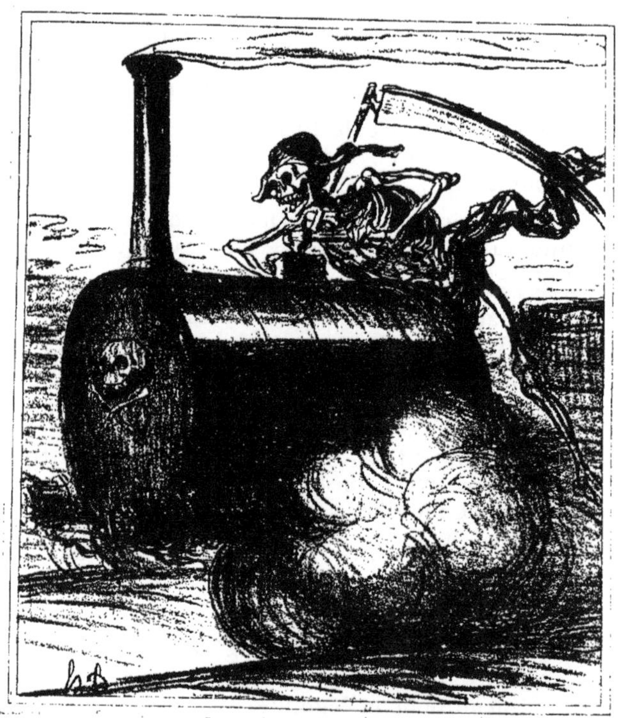

N° 196 du Catalogue.

198. Renouvelé de la Fable de l'Astrologue (3372 RRR) Très belle épreuve. Pièce non publiée. *Deux épreuves connues*.

199. Mon bon ami.... (3383). Très belle et très rare épreuve du 1ᵉ état. *avant la lettre*; avec la légende manuscrite.

200. Basile a peur (3384). Superbe et très rare épreuve du 1er état, *avant la lettre*, avec la légende *manuscrite*.

201. Jacques Bonhomme (3404) — Tirez, ça fait équilibre (3496). Deux pièces. Belles et très rares épreuves du 1er état, *avant la lettre*.

202. Nous ne nous serions jamais doutés... (3427) — La paix à tout prix (3430) — A qui le tour (3431). Trois pièces. Belles et très rares épreuves du 1er état, *avant la lettre*.

203. Page d'histoire (3428). Très belle épreuve de la collection Champfleury.

204. Le Supplice de Tantale (3432) — S'apercevant... (3424). Deux pièces. Belles et très rares épreuves du 1er état, *avant la lettre*.

205. Ce que certains journaux... (3433) Superbe et très rare épreuve du 1er état, *avant la lettre*.

206. Square Napoléon (3434). Superbe et très rare épreuve du 1er état, *avant la lettre*.

207. Vous n'avez pas besoin de me rappeler ses titres... (3493). Très belle et très rare épreuve du 1er état, *avant la lettre*.

208. Oui, madame Fribochon...(3549). Superbe épreuve, *certificat de tirage*.

209. Actualités relatives aux bouchers (3718, 3724, 3727 et 3733). 4 pl. Très belles épreuves (3 certificats de tirages.)

210. Un Omnibus en temps de grippe (3744). Superbe épreuve, *certificat de tirage*.

211. J'voudrais ben qu'l'élection... (3790). Très belle et très rare épreuve du 1er état, *avant* la légende modifiée.

212. L'Ane et les deux voleurs (3958). Belle épreuve *avant* le n° 75.

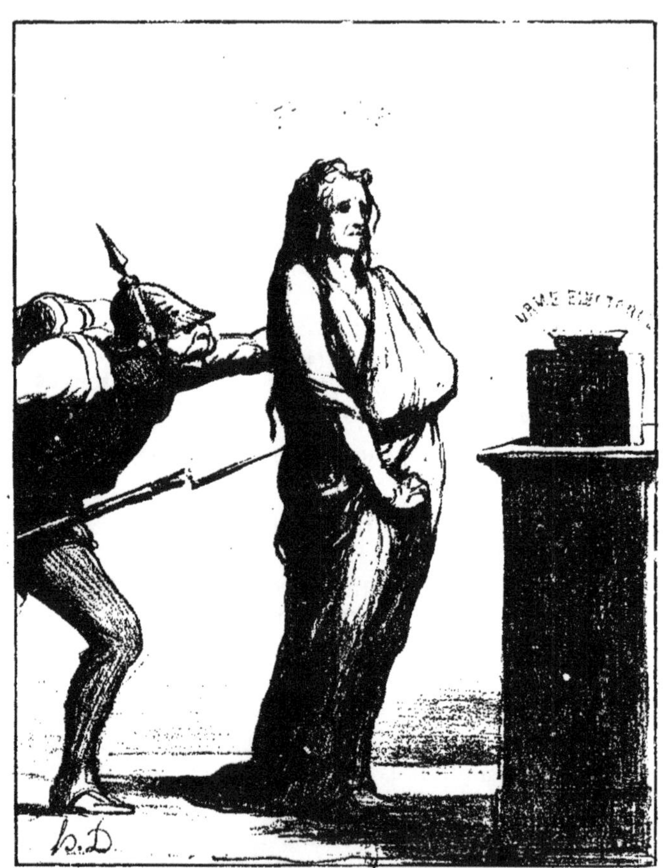

N° 203 du Catalogue.

213. Scènes humoristiques pour le *Journal Amusant*, 25 pl. *avant la lettre*, la plupart avec les légendes *manuscrites*.

214. Profils contemporains — Quand on a du guignon — Gazette des Enfants. etc. 22 pl.

215. Galerie Physionomique — L'imagination — Professeurs et moutards, etc. 24 pl.

216. Les Artistes — Les Baigneurs — les Banqueteurs, etc.. 24 pl.

217. Actualités, 18 pl. (5 *coloriées*).

218. Actualités — En Chemin de fer — Gens de Justice, etc. Environs 600 pl. extraites du *Charivari*.

219. Cours d'Histoire Naturelle — Impressions nautiques — Types Parisiens — Actualités — La Comète de 1857, etc. Environ 200 pl.

220. Actualités et Scènes de Mœurs. Environ 2100 pl. extraites du *Charivari*.

221. Caricatures et Scènes de Mœurs. 93 pl. extraites de la *Caricature* et de la *Caricature provisoire*.

222. *Etrennes comiques*. Aubert. s. d., 2 albums contenant 18 pl. — *Le Mois Charivarique*. alb. contenant 13 pl. par Daumier. Belles épreuves.

DAUMIER (d'après)

223. Les Cent et un Robert Macaire, composés et dessinés par Daumier. texte par Alhoy et Huart. *Paris. Aubert.* 1839: 2 vol. pet. in-4°. br.

224. Le même ouvrage. *Paris. Aubert.* 1840: 2 vol. pet. in-4°. br.

225. Sujets divers. 30 pl. gravées sur bois par Maurand. Peulot, etc.. cinquante-quatre pl. (y compris des doubles). tirage à part.

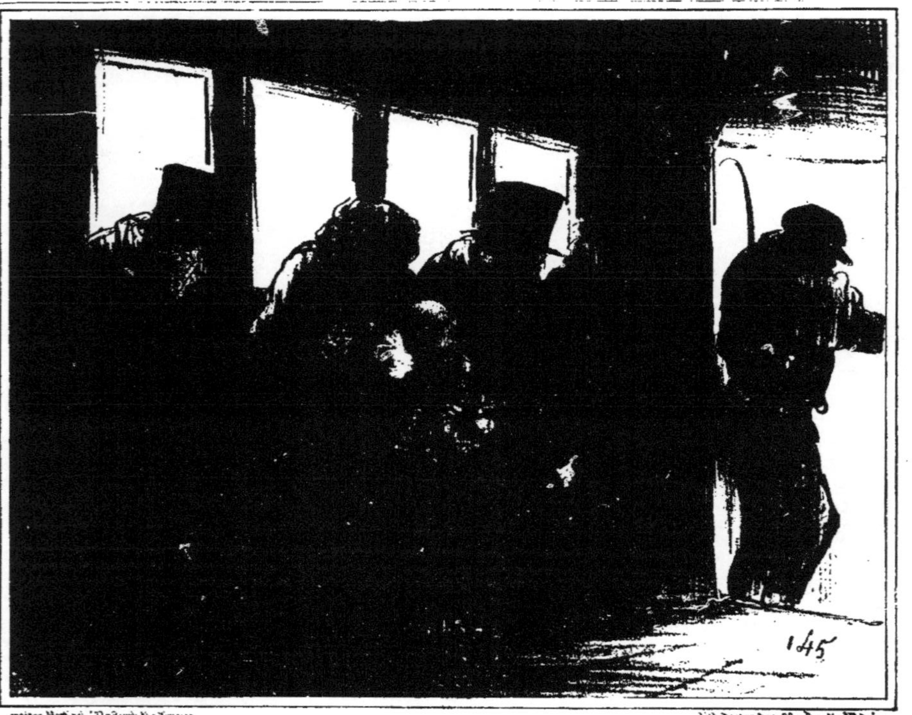

Un omnibus en temps de grippe.

N° 310 du Catalogue.

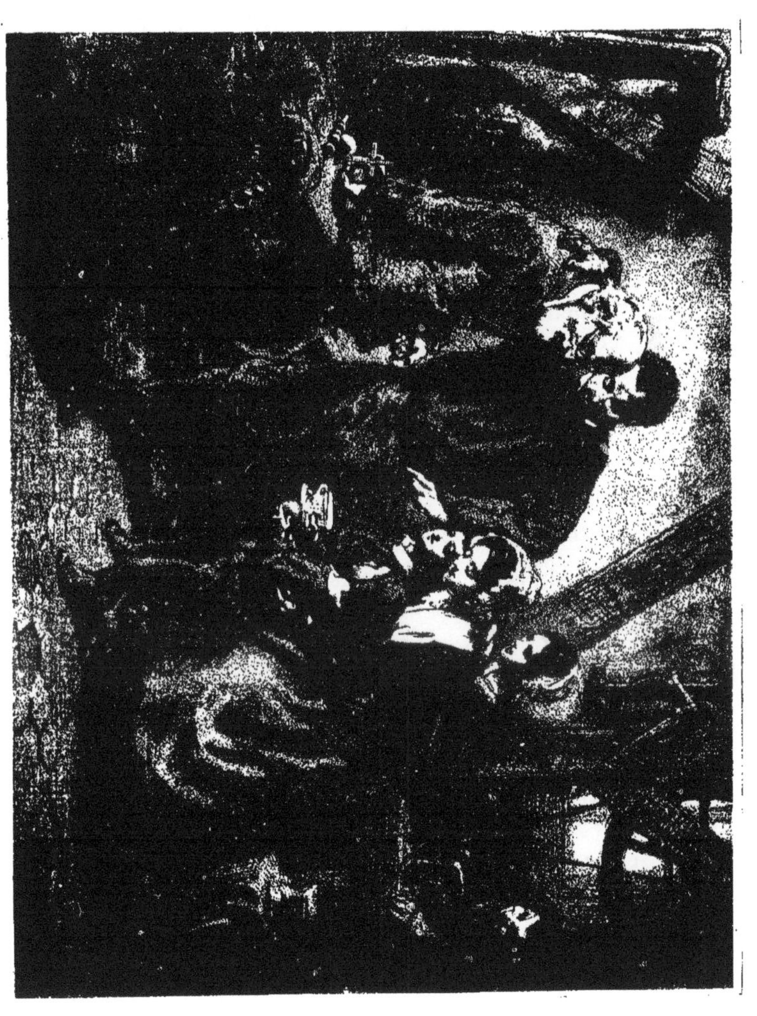

N° 455 du Catalogue.

DAVID (J.)

226. PARTIE DE L'ŒUVRE : Album David. Les Amans Célèbres — La Bonne et la Mauvaise Conduite — Choix d'Intérieurs — Etudes de Genre — Le Juif Errant — Les Mystères de Paris — Sujets historiques — Titres de Musique — Portraits, etc. Environ 600 pièces, y compris des doubles et des états.

DECAMPS (A. G.)

227. PARTIE DE L'ŒUVRE : Caricatures politiques — Paysages d'Orient — Animaux — Titres de Romances — Croquis — Sujets de chasse. Environ 450 pièces par ou d'après Decamps.

DEVÉRIA (Achille)

228. Devéria (A.), par lui-même (H. B. 1). Très belle épreuve sur chine (piquée).

229. Carnevale (12). Très belle épreuve avec *certificat de tirage*, signé par Devéria.

230. Hagman, attaché à la maison du roi de Naples (22). Deux très belles épreuves.

231. Herz (H.) (23) — Listz (29) — Rubini (33). Trois pièces. Belles épreuves.

232. Hugo (V.) (24) — Lamartine (A. de) (27). Deux pièces.

233. Roqueplan (C.) (32) — Roqueplan (Mme C.) (32 *bis*). Deux pièces. Très belles épreuves.

234. Chateaubriand (59) — Du Sommerard (35) — David (J.) (64) — Duplat (68) — E. Devéria (229)

— Robert (E.) (299). Six pièces. Belles épreuves.

235. Mme Hoffman (Caroline Saint-Saëns). Couverture des 12 sujets, 1830 (272). Très belle épreuve. Rare.

236. Juliette et Judith Grisi, 1833 (21) — Lablanche dans Henri VIII (26) — Edouard Wolf (40) — Duprez (70) — Cornélie Falcon (72) — Eugénie Garcia (75) — Pauline Garcia Viardot (76). Sept pièces. Belles épreuves.

237. D. Maria Rayna de Portugal (6) — Dᵃ Luisa Fernanda, infanta d'Espana — Rubini (33) — Méreaux (103) — G. Osborne (115) — Alasson de Gransagne (20) — Eugénie et Pauline Garcia, etc. Quatorze pièces. Belles épreuves.

238. Femme assise, avec 2 fillettes (317). — Mᵉ X (Espagnole (373) — Dona Damiana. Trois pl. Belles épreuves.

239. ALBUMS LITHOGRAPHIQUES : 1828 (*Motte*). Couverture et 10 pl. (sur 12) — 1829 (*Motte*). Couvert. et 8 pl. (sur 12) — 1830 (*Motte*). Couvert. et suite complète de 12 pl. — 1831 (*Motte*). Couvert. et 11 pl. (sur 12) — 1833 (*Gihaut* et *Tilt*). Titre et suite complète de 12 pl. sur chine — 1834 (*Gihaut* et *Tilt*). Suite complète de 12 planches. Ensemble 66 planches de marges inégales, plusieurs sur chine.

240. Albums Lithographiques, 42 planches, y compris des doubles. Belles épreuves.

241. *Alphabet varié* (incomplet de plusieurs pl.). Vingt et une pièces, y compris 4 doubles (14 *coloriées*).

242. L'ARTISTE — L'ALBUM — L'ASPIC, 70 pièces, y compris quelques doubles.

243. *Costumes Historiques de Ville ou de Théâtre et Travestissements*. Paris, Aumont. Couverture et suite complète de 125 pl. Belles épreuves de tirages différents. On y a joint une épreuve *avant la lettre*.

244. La même série (incomplète d'une pl.), (nᵉ 103).

245. Doubles de la même série, environ 130 planches.

246. *Dix-huit heures de la journée d'une Parisienne.* Paris, Fonrouge et Ostervald, s. d. Couverture et suite de 18 pl. (incomplète de : 11 heures du matin. 4 heures après-midi. 7 heures du soir), soit 15 pl., la plupart en belles épreuves.

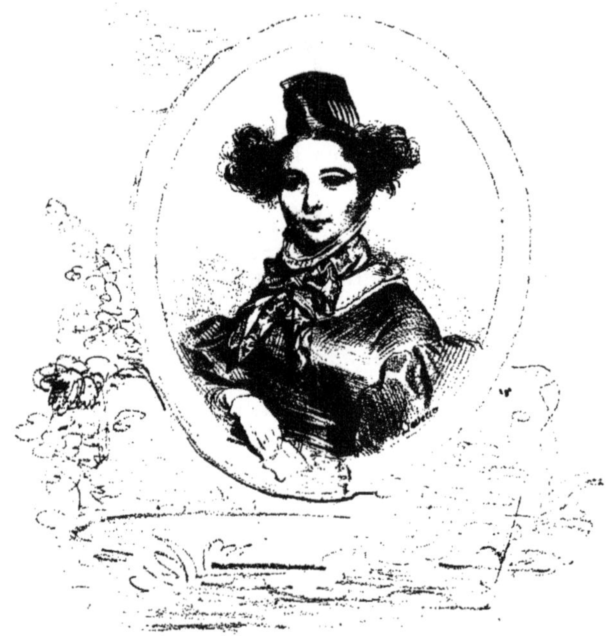

N° 233 du Catalogue.

247. Six pl. de la même série : Midi ; 3 heures ; 8 heures ; 9 heures (du soir) ; Minuit. Très belles épreuves *coloriées*, une sans marge.

248. *La Flore des Salons.* Suite de 48 (?) pl. (incomplète des n°° 7, 10, 17, 30, 33, 35, 38), soit 41 pl. Belles épreuves (12 *coloriées*, quelques-unes courtes de marges).

249. *Le Goût Nouveau*. Paris, Tessari, s. d. Couverture
et suite de 24 pl. (incomplète des pl. 14, 18, 20,
21, 24), soit 19 planches. Belles épreuves (une
coloriée).

250. *Contes de La Fontaine*, Paris, Ardit, couv. et 31
pl. — *Walter Scott* : Quentin Durward, Paris,
Osterwald, couv. et 20 pl., soit ensemble
70 planches y compris des doubles.

251. LES MOIS, série en hauteur, Paris, *Rittner et
Goupil*. Suite complète de 12 pl. — LES MOIS,
série en largeur, Bance, 8 pl. (sur 12). Ensemble
20 pl., la plupart en belles épreuves.

252. *Galerie Fashionable*, Paris, Janet. Suite de 13 pl.
y compris un 10 *bis* (incomplète des nᵒˢ 1, 5) —
Le Nouveau Langage des Fleurs, couvert. et
8 pl. — *Les quatre Saisons et les quatre Parties
du Monde*, Paris, *Aubert*, couvert. et 7 pl.
(sur 8), etc., soit ensemble 33 planches. Belles
épreuves (3 *coloriées*).

253. PARTIE DE L'ŒUVRE : Sujets de genre — Titres de
musique — Croquis variés — Têtes de fantaisie
— Travestissements, etc. Environ 1.000 pièces,
la plus grande partie en belles épreuves.

DEVÉRIA (A.) — DELACROIX (E.)
ROQUEPLAN (C.), etc.

254. Illustrations pour Walter Scott, les Chroniques
de France, Mauprat, etc. Ensemble 59 pièces, la
plupart en belles épreuves.

DORÉ (Gustave)

255. La Civilisation terrassant la barbarie 1855 — Guerre
de Crimée — Rossini sur son lit de mort, etc.
Ensemble 30 pl. par ou d'après G. Doré.

DRANER

256. PARTIE DE L'ŒUVRE : Caricatures diverses. Environ
530 pièces.

EMY (Henry)

257. *Les Gaietés parisiennes*, Hautecœur, Couvert.
titre et 25 pl. — *Histoire de M. de la Canardière*
24 pl. — *Les Chanteurs des Rues* — *Scènes de
la Vie Théâtrale*, etc. 71 planches. Belles épreuves
(quelques-unes *coloriées*).

EVENTAILS (Motifs pour)

258. Motifs d'Eventails, 50 planches, la plupart *coloriées*,
quelques-unes tirés en *deux tons*.

FANTIN-LATOUR (H.) — GONCOURT (J. de) RENOUARD (P.)

259. Un Morceau de Schumann — Eaux-fortes d'après
Gavarni — Gambetta sur son lit de mort. Neuf
pièces.

FAUSTIN

260. Partie de l'œuvre : Caricatures politiques. Environ
280 pl.

FEUCHÈRE (P.) — JAYLER. — ROUBAUD (B.)

261. L'Amour en Chine, suite de 6 pl. — Les Amoureux
— Les Grâces — Le Mari Complaisant — Gare la
d'ssous — Cocher Anglais — Cocher français —
Musée pour Rire — Les Mauvais Locataires —
La Contrebande aux Barrières, etc. Cinquante pl.
(y compris des doubles). Belles épreuves,
plusieurs *coloriées*.

FRANCIS

262. *Esquisses Parisiennes*. Couverture et suite de 30
pl. (incomplète des n°ˢ 5, 6, 8, 18, 21), soit 25 pl.
Belles épreuves *coloriées* (sauf une).

ŒUVRE

DE

GAVARNI (Guil. Sulpice Chevallier, dit)

263. Portraits de Gavarni, par Nargeot, Boilvin, Lafosse, Flameng, etc., 15 pl.

264. Abrantès (D^{sse} d') (M. et E. B. 1 et 3) — Arnal (7) — Berthoud (9 et 10) — Cenau (15) — Chandellier (17) — Mlle Jenny Colon (20). Huit pièces. Belles épreuves.

265. Chevallier père de Gavarni (19) — Dupaty (22) — Mlle Georges (35) — Mlle Déjazet (21) — l'Impératrice Eugénie (25) — Gusi Kow (38) — La Ferrière (41) — Melingue (49) — La Garrigue (43) — Lanoue (44). Dix pièces. Belles épreuves.

266. Monnier (H.) (51 et 52) — Mlle Nourtier (55) — Taigny (M. et Mme) (63) — Anna Thillon (66) — Tousez (Alcide) (67) — Mlle Waldor (72) — Mlle Wilmen (73), etc. Vingt-cinq pièces. Belles épreuves.

267. Ernest Feydeau (29 RRR). Très belle épreuve.

268. Mlle Feydeau (30 RRR). Très belle épreuve sur chine.

269. Mme Feydeau (31 RRR). Superbe épreuve sur chine.

270. Forgues (Old Nick) (33 RRR) — Goulet (37) — Eugène Sauvage (59) — Tronquoy (68), etc. Dix pièces. Belles épreuves.

271. Gavarni (34). Très belle épreuve du 2e état sur chine avec la décicace : " *A mes Goncourt* " — " *Gavarni* " — On a joint à ce portrait, 3 *lettres autographes*.

272. Le même portrait. Trois épreuves des 2', 3' et 5' états.

273. Mélingue (49 1" état, et 50 RRR). Deux pièces.
Belles épreuves sur chine.

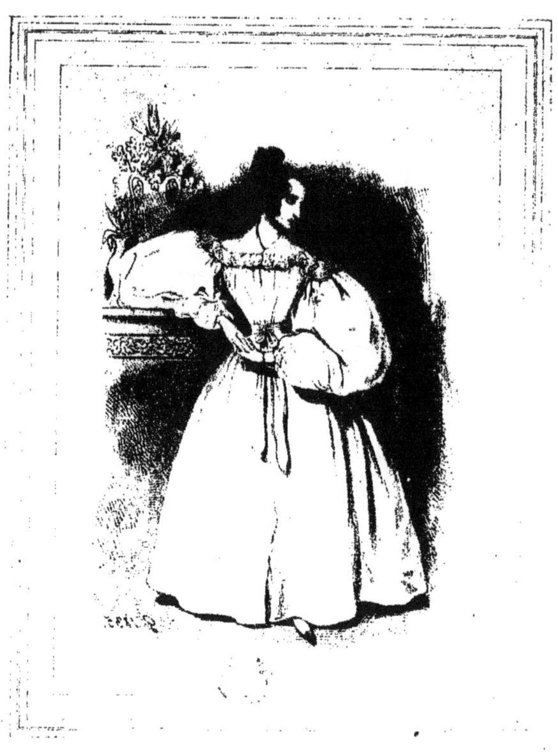

N° 273 *bis* du Catalogue.

273*bis*. Mlle Eugénie Sauvage (50 RRR). Très belle
épreuve. Collection Goncourt.

274. Fortunata Tedesco (64 RRR). Belle épreuve *avant
la lettre*, sur chine (petite cassure).

275. MESSIEURS DU FEUILLETON (81-89) — Edmond et
Jules de Goncourt — Henri Murger — Th. de
Banville — E. Cretet — A. Karr — Old Nick
(Emile Forgues) — Henri Monnier — L. Gatayes
— L. Enault. Suite complète de 9 pl. Très belles
épreuves, *avant la lettre*.

276. Le même suite. Epreuves des 2ᵉ et 3ᵉ états. On a
joint 11 doubles, soit ensemble 20 pièces.

277. CÉLÉBRITÉS CONTEMPORAINES DE LA FRANCE (75-80) :
Le Prince Jérôme — de Belleyme — Decamps —
Frédéric Sauvage — Alfred de Musset — J. B.
Isabey. Suite complète de 6 pl. dans la couver-
ture de publication. Très belles épreuves, *avant
la lettre* sur chine.

278. La même suite en épreuves des 3ᵉ et 4ᵉ états. On y
a joint 6 doubles, soit ensemble 12 pièces.

279. Morceaux de Musique (90-133), série complète,
(moins les nᵒ 92, 111, 117, 119, 121, 129,. Soixante-
dix pl., y compris des doubles et quelques
épreuves *avant la lettre*.

280. Morceaux de musique. Environ 100 planches y
compris des états et des doubles.

281. La Romance (134-139) — Les Lys et les Roses (140-
145) — Mélodies de Mᵐᵉ Gavarni (146-155). Trois
recueils (le second dans le cart. d'édit.), quelques
doubles et quelques états ajoutés.

282. L'ARTISTE (164, 169, 175, 176 180, 192, 194, 198, 207,
208). Dix pièces. Très belles et rares épreuves,
avant la lettre.

283. L'ARTISTE (156, 181, 200, 207, 208, 213). Six pièces.
Très belles et rares épreuves, *avant la lettre*.

284. L'ARTISTE. Réunion de 125 pièces, y compris des
états ou tirages différents. Belles épreuves.

285. La Jalousie (207) — Les Débardeurs 2 pl. (492 et
514) — Eloquence de la Chair 1 pl. (557). — Les
Etudiants de Paris 6 pl. (622-624-626, 638-630-642)
Impressions de Ménage 1 pl. (733) — Les Lorettes
1 pl. (765) — Monsieur Loyal 1 pl. (872) — La Vie
de jeune homme 1 pl. (979) — Baliverneries
Parisiennes 1 pl. (1019) — Le Manteau d'Arlequin
3 pl. (1152-1159-1160) — La Promenade (1163) 19
pl. *avant lettre*, plusieurs sur chine (quelques-
unes avec cache).

286. *Les Beaux Arts* (220 et suiv.) suite complète de 9
pl. (18 pièces d'états différents) — *Les Artistes contemporains* (1675-1679) suite complète de 5 pl.
en 11 épreuves d'états diff. — *Les Artistes
anciens et modernes* (1669-1674) suite complète de
7 pl. en 17 épr. d'états diff. Ensemble 46 épreuves.

287. *La Caricature* (227-230). Série complète de 4 pl.
— *La Caricature*, 2° publication : 8 pl. (dont 1
double). — Des Phrases (264-267). Suite complète de 4 pl. — Le Dimanche (268-272). Suite
complète de 5 pl. avec un état et un double
ajoutés, 23 planches. Belles épreuves (1 *avant la
lettre*).

288. La Caricature (227 à 229) 3 pl. (sur 4) — La Caricature 2° publication (312 et suivants) 7 pl. —
Industries Faciles (740) 1 pl. — Patois de Paris
934 et suivants), suite complète de 3 pl. — Arnal
rôle de Ripolet (1206) — Paris au XIX° Siècle (1922
à 1927). Suite complète de 6 pl., etc., 24 pl. (On a
joint 7 pl. avec texte au v°).

289. Les Actrices (231-244). Suite complète de 14 pl. à
laquelle on a joint 8 épreuves coloriées et 2 très
belles épreuves *avant la lettre*, soit ensemble 24
pl. en un album cartonné toile, dérelié (marges
inégales).

290. Les Plaisirs champêtres (268-271 et 297-300), suite
complète de 6 pl. Très belles épreuves à laquelle
on a joint 5 pl. coloriées. Ensemble 11 pièces.

291. **Fantaisies (286 et suiv.)** 10 p. (d'une suite de 11)
Belles épreuves (2 doubles joints).

292. **Les Muses (288-290).** Suite complète de 3 pl. —
10 épreuves, dont une *avant la lettre (2 coloriées)*.

293. **Le Carrousel (319-327, 2207-2222).** Série complète
des 25 pl. parues dans cette revue. Réunion de 72
pièces y compris des états, certificats de tirage,
épreuves *coloriées*, etc.

294. **L'Argent (328-331).** Suite complète de 4 pl. en
épr. color., plus 1 double en noir et 3 *épreuves
avant la lettre* — Croquis par Divers artistes
(1712) — Le Salon (1204) — Caricature de Mode
(1207) — 18 planches. Belles épreuves.

295. **Les Artistes (332-345).** Suite complète de 16 pl.
avec 1 état et 17 doubles *coloriées* soit 34
planches. Belles épreuves. (On a joint 14 pl. avec
texte au v°.)

296. **La Boîte aux lettres (348-368 et 1684-1696).** Titre
et suite complète de 34 planches (4 épreuves
avant la lettre ajoutées), soit 38 pl. Belles
épreuves (3 *coloriées*).

297. La même série (incomplète des n°ˢ 31, 33, 34), soit
31 planches *coloriées*.

298. La même série, 61 planches diverses, en bistre, noir
ou coloriées (nombreux doubles).

299. **Le Carnaval (375-397).** Suite de 27 pl. (incomplète
des pl. 13, 14, 26 et 27), soit 23 pl. Belles épreuves
marges inégales.

300. La même série coloriée, incomplète de la pl. 26,
soit 26 pl. Belles épreuves (marges inégales).

301. **Le Carnaval à Paris (398-422).** Suite de 40 pl. (incomplète des pl. 9, 18, 24). Les pl. 16, 28 et 37
sont *avant la lettre*. On a joint les *avant la lettre*
des pl. 10, 13, 26, 40, soit 41 pièces. Très belles
épreuves.

302. La même série (incomplète de la pl. 30), soit
39 pl. marges inégales. Belles épreuves, *colo-*
riées.

303. Le Chevalier de Nogaroulet. Suite de 6 pl. (423-
428). — Les Bosses, suite de 6 p. (369-374), 9 pl.
dont 4 certif. de tirage. — Gentilshommes bourgeois, suite de 3 p. (1087-1089), 5 pièces dont une
avant la lettre et un certif. de tirage, soit ensemble 20 pl.

304. Clichy (429-448), suite complète de 21 pl. à laquelle
on a joint 4 épreuves *avant la lettre*, soit 25 pièces. Très belles épreuves en un album cart.
toile.

305. Les Coulisses (449-479). Suite complète de 31 pièces. Cinquante-quatre pl. y compris des doubles
(30 *coloriées*).

306. Croquis fantastiques (480-485). Suite complète de
6 pl. (on a joint la pl. 1 *coloriée* et la pl. 4 *état
diff.*), soit 8 pièces en un album cartonné toile.

307. Les Débardeurs (486-542). Suite complète de 66 pl,
en 1 alb. in-4° cart. (piqûres à plusieurs pl., la
pl. 49 double *avant la lettre* RR).

308. La même suite (incomplète d'une pl.), en 1 alb.
in-4° demi-rel., épreuves *coloriées*.

309. La même suite. Trente-et-une pl. (6 *coloriées*).

310. L'Eloquence de la chair (544-564). Suite de 21 pièces (incomplète de la pl. 21) (on a joint 5 épr.
avant la lettre, soit 25 pl. Très belles épreuves.

311. Les Enfans terribles (565-613). Suite complète de
50 pl. (y compris un frontispice), en 1 alb. in-4°
cart.

312. La même suite, 40 pl. (sur 50) *coloriées*, en 1 alb.
demi-rel.

313. Doubles de la suite précédente, 35 pl. (18 *colo-riées*).

314. Les Etudians de Paris (614-661). Suite complète de 60 pl. en 1 alb. in-4°. cart.

315. La même série, pl. 1 à 48, *coloriées*.

316. La même série, 27 pl. coloriées (sauf 4), plusieurs doubles.

317. Fourberies de Femmes en matière de sentiment, 2ᵉ série (662-702). Suite complète de 52 pl. en 1 alb. in-4°, auxquelles ont été ajoutées les pl. 2, 6, 9, 19, 20, 22, 25, 32, 37 et 51 en épreuves *avant la lettre* RRR, soit 62 pièces.

318. Planches doubles et triples de la série précédente, 73 pl. en partie *coloriées*.

319. Impressions de ménage (1ʳ série) (704-739). Suite complète de 36 pl. (dont 11 *avant la lettre*). On a joint 6 pl. *coloriées*, soit ensemble 42 pièces en un album cartonné toile.

320. Leçons et Conseils (741-760). Suite de 20 pl. (manque la pl. 15), soit 19 pièces en 1 alb. in-4° cart.

321. Les Lorettes (763-841). Suite complète de 79 pl. (8 pl. ajoutées *avant la lettre*), en 1 alb. in-4°, cart.

322. La même série, pl. 1 à 63 et 65 et 66. Soixante-cinq pl. *coloriées*.

323. La même série, 40 pl. (29 *coloriées*) ; plusieurs doubles.

324. La même série, pl. 34, 48, 55, 56 et 62. Très belles et rares épreuves, *avant la lettre*.

325. Les Maris vengés (842-861). Suite de 18 pl. (incomplète des pl. 7 *bis* et 15 *bis*). Très belles épreuves, *coloriées*.

326. La même série (incomplète des pl. 7 *bis* et 16 *bis*, mais avec la pl. 15 *bis* RRR). Dix-huit pièces. Très belles épreuves.

327. Monsieur Loyal (872-876). Suite complète de 5 pl. 8 p. d'états diff., dont 2 col. — Traductions en langue vulgaire (953-957). Suite de 4 pl. sur 5. — Interjections (1166-1169). Suite complète de 4 p. — Les Rêves (1198-1203). Suite de 5 p. sur 6. — Le sommeil est frère de la mort (1905) RR coloriée. — Vieux habits, vieux galons (2068) RRR, etc. Trente-deux pièces.

328. Paris le matin (902-913). Suite complète de 12 pl. Très belles épreuves *coloriées*.

329. La même série (en noir).

330. La même série, pl. 4, 6 et 8. Très belles épreuves *avant la lettre*.

331. Paris le soir (914-933). Suite de 25 pièces (incomplète des pl. 1 et 5), soit 23 pièces.

322. La même suite coloriée : (manquent les n° 3, 4, 9, 11, 17, 20), soit 19 pièces. Marges inégales.

333. La même suite, pl. 9, 14, 15, 16, 19 et 24. Très belles et rares épreuves *avant la lettre*.

334. Les Petits malheurs du bonheur (936-947). Suite complète de 12 pl. (15 doubles ajoutées), soit 27 pièces.

335. Politique des femmes (949-950) — (1180-1197). Suite complète de 20 pl. en un alb. cart.

336. Transactions (958-964). Suite complète de 7 pièces (4 doubles ajoutés).

337. La Vie de jeune Homme (971-997). Suite complète de 36 pl. en 1 alb. in-4° cart. (les pl. 5, 9, 10, 16, 19, 24, en double *avant la lettre* RRR) (plusieurs pl. piquées).

338. Affiches illustrées (998-1003). Suite complète de
6 pl. à laquelle on a joint les pl. 2, 4 et 6 *avant la
lettre*, 3 *certif. de tirage* et 5 doubles en états
diff., soit ensemble 17 pl. en 1 alb. cart.

339. Baliverneries parisiennes (1004-1023) (1680-1683).
Suite complète de 24 pl. sur chine (sauf une) à
laquelle on a ajouté 6 épr. *avant la lettre, 2 épr.
d'essai* et 7 *certif. de tirage*, soit ensemble
39 pièces en un alb. cart. toile, dérelié.

340. La même série. Suite complète en un album
broché.

341. Carnaval (1024-1068). Suite complète de 50 pl.,
auxquelles ont été ajoutées les pl. 6, 10, 11, 33,
42 et 43, soit 56 pièces, en 1 alb. in-4° cart., de la
coll. Goncourt (une pl. en feuille volante).

342. La même série, 45 planches en partie sur chine.
On y a joint 38 doubles, soit ensemble 83 pièces
(plusieurs *coloriées*).

343. Chemin de Toulon (1069-1075 et 1709-1711). Suite
complète de 10 pl. sur chine, à laquelle on a joint
2 *épr. avant la lettre*, 5 *certif. de tirage*, 2 épr.
coloriées et 5 épr. d'états diff., soit ensemble
24 pl. Très belles épreuves (marges inégales) en
un album cart. toile.

344. Des Mères de famille (1076-1080). Suite complète
de 5 pl. à laquelle on a joint les pl. 2, 3 et 4 en
épr. *avant la lettre*, 2 *certif. de tirage* et 1 épr.
coloriée, soit ensemble 11 p. en 1 album cart.
toile.

345. Faits et gestes d'un propriétaire (1081-1086). Suite
complète de 6 pl. à laquelle on a joint 3 épr.
avant la lettre et 4 *certif. de tirage*. Ensemble
13 pl. en 1 alb. cart. toile.

346. Impressions de ménage (2ᵉ série) (1090-1128). Suite complète de 40 pl. (y compris la pl. 1 RRR) à laquelle on a ajouté 14 pl. *avant la lettre* et 15 *certificats de tirage*. Ensemble 69 pl. en 1 alb. cart. toile.

347. Le Manteau d'Arlequin (1152-1163). Suite complète de 12 pl. à laquelle on a ajouté 5 épr. *avant la lettre*. Belles épreuves, en 1 alb. cart. toile.

348. Le Parfait créancier (1130-1139). Suite complète de 10 pl. Belles épreuves sur chine, à laquelle on a joint les pl. 1, 3, 4, 5 et 6, soit 5 pl. *avant la lettre* et 4 *certif. de tirage*. (Marges inégales.) Ensemble 19 pl. en un album cart. toile.

349. Les Patrons (1140-1141). Suite complète de 2 pl. sur chine à laquelle on a joint la pl. 1 en épr. *avant la lettre*, un *certif. de tirage* et 1 épr. *coloriée*, soit 5 pl. Belles épreuves.

350. Julia Farnèse (1142). — Courrier des Enfants (1143-1147), suite complète de 6 pl. — Album théâtral (1170 et 1206), 2 pl. — Album de l'Infini (1649-1654), série complète de 6 pl. Ensemble 21 pl. Belles épreuves.

351. Manières de voir des voyageurs (1148-1151) (1387-1389 et 1787-1789). Suite complète de 10 pl. *avant la lettre*. Très belles épreuves (*Exemplaire des Goncourt*). Reliure toile.

352. Musiciens comiques et pittoresques (1512-1539). Suite complète de 28 pl. sur chine à laquelle on a joint 9 épr. *avant la lettre* et 12 *Bons à tirer*. Ensemble 49 pl. Très belles épreuves. Reliure toile.

353. Le Manteau d'Arlequin (1152-1163). Suite complète de 12 pl. — Les Martyrs (862-869). Suite complète de 8 pl., à laquelle on a joint 1 pl. *avant la lettre* et 2 pl. *coloriées*. — Revers de médailles (301-302, 311) — (1993-1994). Suite complète de 5 pl. avec 2 pl. *coloriées*. Ensemble 30 pièces.

354. La Politique (1171-1179). Suite complète de 9 pl. à laquelle on a joint 5 épreuves *avant la lettre*. Ensemble 14 pièces. Très belles épreuves en un alb. cart. toile.

355. Journal des Femmes (1210 et suivants), 3 pl. (sur 6). — Album du Journal des Jeunes Personnes ; 13 pl. (dont 6 doubles). — La Mode, 18 pl. (dont 7 doubles) soit 34 planches. Belles épreuves (9 *coloriées*).

356. Album du Journal des Jeunes Personnes (1217 à 1230 et 2369 à 2386), 28 pl. (sur 32) avec 12 états ou doubles ajoutés. On a joint les couvert., tables et 43 pl. des albums de 1833 et 1834, par divers artistes, soit 83 planches.

357. Album du Journal des Jeunes Personnes (1217 et suivants), 15 pl. — Travestissemens Parisiens, 5 pl., soit 20 pl. en belles épreuves (3 *avant toute lettre*, 10 *coloriées*).

358. Petite Galerie (1221 à 1224 et 1226 à 1229), suite de 8 pl. — Journal des Femmes, 3 pl. — La Mode (2387 et suivants), 12 pl. (dont 1 double). Soit ensemble 23 planches en belles épreuves, dont 10 *certificats de tirage*, 2 *coloriés*.

359. La Mode (1231 et suivants), 18 pl. (sur 25) avec 6 états ou doubles ajoutés, soit 24 pl. (5 sur chine, 3 *avant la lettre*, 2 *coloriées*).

360. Les Anglais chez eux (1239-1256 et 1755-1756). Suite complète de 20 lith. Très belles épreuves sur chine *avant la lettre* en un album cartonné toile. *Exemplaire des Goncourt.*

361. La même série, pl. 6 et 7 *avant la lettre* et 1 bon à tirer. Ensemble 3 pièces. Très belles épreuves.

362. Masques et visages (1239-1509) — Les petits mordent, 9 pl. — Les propos de Thomas Vireloque, 4 pl. — Histoire de politique, 6 pl. — Les Maris me font toujours rire, 5 pl. — Les Parents

terribles, 5 pl. — Bohêmes, 4 pl..... etc. 52 très
belles épreuves sur chine, grand papier — Les
Invalides du sentiment, 30 pl. — Les petits mordent, 10 pl. Ensemble 92 pl.

363. Les Bohêmes (1257-1276). Suite complète de
20 pièces. Très belles épreuves sur chine *avant
la lettre*, en un alb. cart. toile. *Exemplaire de la
collection de Goncourt.*

364. La même série, pl. 4, 5, 8, 11, 13, 16 et 19. Très
belles épreuves *avant la lettre*. On a joint 17 *bons
à tirer*. Ensemble 24 pièces.

365. Ce qui se fait dans les meilleures sociétés (1277)
(1757-1765). Suite complète de 10 pl. sur chine
avant la lettre (remontées). On a joint 1 *bon à
tirer*, soit 11 pl. en 1 alb. cart. toile.

366. La même série, pl. 1, 2, 3, 4 et 6, soit 5 pl. Très
belles épreuves *avant la lettre*.

367. Etudes d'Androgynes (1282-1291). Suite complète
de 10 pl. Très belles épreuves *avant ou sans la
lettre* dont 9 sur chine. On a joint une épreuve
en double de la pl. 2 avec la *légende manuscrite*, soit 11 p. en 1 alb. cart. toile.

368. La Foire aux amours (1292-1301). Suite de 10 pl.
Très belles épreuves *avant la lettre* en un album
cart. toile. *Exemplaire des Goncourt.*

369. Histoire d'en dire deux (1302-1311). Suite complète
de 10 pl. sur chine *avant la lettre* en superbes
épreuves à laquelle on a joint la suite avec la
lettre et 1 bon à tirer. Ensemble 21 p. en un
albu 2 cart. toile.

370. La même série, pl. 1, 2, 3, 4, 5, 6, 7 et 9, soit
8 pièces. Très belles épreuves *avant la lettre*.

371. Histoire de politiques (1312-1337 et 1772-1775). Suite
complète de 30 pl. *avant la lettre* ou sans lettre.
La pl. 3 est en double et la pl. 9 en triple
exempl. dont 1 *épr. d'essai*, soit ensemble 33 pl.
Très belles épreuves en un album cart. toile.

372. La même série, pl. 1, 3, 4, 6, 7, 8, 10, 11, 13, 15, 16, 18, 22, 25, 27, 28 et 30, soit 17 pièces en épreuves *d'essai* ou *avant la lettre* (les 7 premières rognées). Très belles épreuves.

373. Les Invalides du Sentiment (1338-1367). Suite complète de 30 pl. en 1ᵉʳ état, *avant la lettre*, RRR, en 1 alb. in-4 cart. (la plupart sur chine, la pl. 2 double).

374. Les Lorettes vieillies (1368-1386 et 1776-1778) (1781-1786). Suite complète de 30 pl. Réunion de 64 épreuves, dont 21 *avant la lettre* et 5 *certificats de tirage*, en 1 alb.

375. Les Maris me font toujours rire (1390-1419). Suite complète de 30 pl. *avant la lettre*, en 1 alb. in-4 cart., de la collection des Goncourt.

376. Les Maris me font toujours rire, 5 pl. (1399, 1402, 1407, 1414, 1415) — Les Parents Terribles, 4 pl. (1421, 1426, 1432, 1434) — Les Petits Mordent, 1 pl. (1477) — Piano, 1 pl. (1492) — Musiciens comiques et pittoresques, 2 pl. (1522, 1537) — D'après nature, 1 pl. (1594) — Par-ci, par là, 2 pl. (1804, 1818) — Pysionomies parisiennes, 5 pl. dont 1 double (1873, 1884, 1893, 1896), 21 pl. *avant lettre*. Très belles épreuves.

377. Les Parents terribles (1420-1436 et 1790-1792). Suite de 20 pl. dont 19 *avant la lettre*, en superbes épreuves (17 pl. avec la lettre ajoutée), soit ensemble 36 pl. en un album cart. toile.

378. Les Partageuses (1437-1475). Suite complète de 40 pl. *avant la lettre* ou sans lettre, en un album cart. toile.

379. La même série. Pl. 12, 13, 22, 24, 27, 30, 35, 38 et 39. Très belles épreuves *avant la lettre*. Neuf pièces.

380. La même série. Suite complète. Belles épreuves. Marges inégales.

381. Les Petits mordent (1476-1485). Suite complète de
10 pl., *avant la lettre*, dont 9 sur chine. Superbes
épreuves. *Exemplaire des Goncourt*, en un
album cart. toile.

382. Piano (1486-1493 et 1794-1795). Suite complète de
10 pl. *avant la lettre* (dont 9 sur chine). Superbes
épreuves. *Exemplaire des Goncourt* en un alb.
cart. toile.

383. Les Propos de Thomas Vireloque (1494-1509).
Suite complète de 20 pl. *avant la lettre*, ou
épreuves d'essais (soit 33 pièces), en un alb. cart.
toile.

384. La même série. Vingt pièces.

385. Revues et Journaux : Bulletin de l'Ami des Arts
— Gazette des femmes — Revue des Peintres
(1510-1511) — Panthéon de la Jeunesse (1636-
1637) — Bagatelle — Le Monde dramatique... etc.
— La Renaissance (2625-2626), etc. Ensemble
52 pl. dont 4 *avant la lettre*.

386. Physionomies de chanteurs (1540-1556). Suite
complète de 17 pl. sur chine — Galerie musicale
(1557-1563). Suite de 7 pl. sur chine, soit ensemble
24 pl.

387. La même série. Epreuves *avant la lettre*, avec
mentions manuscrites ou *Bons à tirer* de 17 pl.
de ces 2 séries.

388. *An artist's ramble in the north of Scotland* (1565-
1567). Suite complète de 3 pl. Très belles
épreuves sur chine (les 2 premières avec un
titre différent). On a joint 1 pl. (1567) tirée avec
cache.

389. Contes du chanoine Schmid (1568-1588). Suite de
22 pl. (incomplète du portrait et de la planche 6)
46 pl. (14 *avant la lettre*). Belles épreuves.

390. D'après nature (1589-1628). Double suite avec et *avant la lettre* de 40 pl. à laquelle ont été jointes 2 épreuves d'un état *non décrit* RRR de la pl. 34, ainsi que 2 épreuves d'états *non décrits* de la pl. 37. Ensemble 84 pièces. Très belles épreuves. (*Exemplaire des Goncourt*).

391. La même suite. 40 pl.

392. Récits historiques à la jeunesse (1638-1646), 17 pl. d'états diff. (4 *avant la lettre*).

393. *Amours, Petit Album Sentinental dédié aux Dames par Gavarni*. Paris, Jeannin, 1833 (1655-1667). Couverture illustrée (très rare) et suite complète de 12 pl. (2 pl. en second tirage, cassure à une pl. et piqûres).

394. Caractères (1697-1702). Suite complète de 6 pl. (2 *bon à tirer, signés par Gavarni*), en 1 album in-4° bradel toile rouge (Exempl. des Goncourt).

395. Etudes d'Enfants (1716-1725). Suite complète de 12 pl. Belles épreuves sur chine, en un album in-4° bradel toile rouge. (Exempl. des Goncourt). (2 titres joints).

396. La même série. Suite complète en doubles épreuves, noir et coloriées, soit 24 pl. (les épr. en noir courtes ou rognées en haut).

397. Kekpsake des Enfants. Suite complète des 12 pl. (7 doubles coloriés et 8 pl. dans l'état de La *Gazette des Enfants* ajoutés), soit ensemble 27 pièces.

398. Fourberies de femmes (1ʳᵉ série) (1728-1739). Suite complète de 12 pièces en plusieurs états. Recueil de 55 pl. (dont 16 *avant la lettre*). Très belles épreuves (marges inégales).

399. La même série, pl. 1, Le Matin (1728). Très belle épreuve sur chine *avant la lettre* d'un état non décrit.

400. Fantaisies par divers artistes, pl. 23 (1727) —
Causerie (1740) — La Recherche de l'Inconnu
(2071) — Pair ou non (2138) RRR. Six pl. (4 *avant
la lettre*).

401. La Littérature illustrée (1742-1753) Recueil com-
prenant la Jeunesse de J. J. Rousseau et Jocelyn
— suite complète de 12 lith. Couverture et 19 pl.
dont 5 *avant la lettre* et *4 certif. de tirage*. Très
belles épreuves.

402. L'Ecole des Pierrots (1766-1771). Suite complète
de 10 pl. sur chine. Très belles épreuves.

403. *Œuvres nouvelles de Gavarni. Par-ci, par-là et
Physionomies Parisiennes, 100 Sujets* — (1800 à
1849 et 1850 à 1899) — Paris, *A. Marc*, s. d. —
1 vol. petit in fol. cart. d'édit.

404. Le même ouvrage avec les planches sur chine.

405. Par-ci, par-la (1800-1849) série de 50 pl. (incomplète
des n°' 2, 7, 14, 15. 17. 29, 31 et 36, soit 42 pièces
avant la lettre. Très belles épreuves.

406. Physionomies Parisiennes (1850-1899), 45 pl. (sur
50). Très belles et rares épreuves, *avant la lettre.*

407. Les Misèies (1907-1912). Suite complète de 6 pl.
(*certificats de tirage* et 3 doubles).

408. Nuits de Paris: (1913-1915) — Le Lansquenet — Le
Foyer — La Chanson de table, 3 pl. Très belles
épreuves sur chine, les 2 premieres *avant la
lettre.*

409. La même suite, avec la lettre 4 pièces, y compris
un double. Belles épreuves (2 *coloriées*).

410. Paris (1916-1921) 3 p. d'une série de 6 — Physionomie de la population de Paris. (2590-2601) 3 pl.
RR d'une suite de 12 — Types contemporains.
(2049-2053) suite complète de 5 pl. Ensemble 12 pl.
(une *avant la lettre*).

411. Paris au xix* Siècle (1922-1927). Suite complète
de 6 pl. avec 13 états ou doubles ajoutés, soit 19
planches. Belles épreuves (4 *coloriées*, 3 *certificats de tirage*) — Travestissements Parisiens,
3 pl. (sur 8) — Masques et visages, 5 pl. *en certificats de tirage* (sauf une). Ens. 28 pl. On a joint
quelques couvertures.

412. Les Parisiens (1928-1939). Suite complète de 12 pl.
sur chine, en 1 alb. in fol.

413. Les Parisiens (1928-1932, 1936-1938). Très belles
épreuves *avant la lettre*. Neuf pièces. On y a
joint 16 épreuves avec la lettre.

414. Suite de Petites figures (1941-1965) Couvertures
et 19 pl. (sur 24). Très belles épreuves.

415. Les Petits bonheurs des demoiselles (1966-1973).
Suite complète de 8 pl. Belles épreuves (marges
inégales).

416. Petits jeux de société (1974-1979) suite complète
de 6 pl. (piqures) carton. toile — Nuances **du**
sentiment (877-901) suite complète de 25 pl. —
Un couplet de vaudeville (965-970) double suite
complète de 6 pl., en noir et coloriées (ces der-
nières rognées). Cart. toile. Ensemble 43 pl.

417. Marchand de Lunettes (1980). Deux belles épreuves,
une du 1ʳʳ *état s. chine.*

418. Blanchisseuses (1981) Belle épreuve sur chine.

419. Petits Travestissements — Petites Scènes diabo-
liques — Petits Fashionables (1983-1985 RRR).
Trois pièces. Belles épreuves.

420. *Rustic group of figures* (1995-2000). Suite complète de 6 pl. Très belles épreuves.

421. Scène de la Vie Intime (2001-2013) Couverture et
suite complète de 12 pl. (sans marges).

422. La même suite (incomplète des pl. 1, 5, 9, 10) soit
8 planches, marges inégales (1 *coloriée*). (On a
joint 2 doubles *coloriés*.)

423. Souvenirs d'artistes (2014) suite complète de 5 pl.
— La sylphide (91 et 1564) suite de 2 pl. en divers
états — Croquis par divers artistes (1712) —
Galerie d'amateurs (1740) — Souvenir des Pyrénées (2027). Ensemble 20 pl.

424. Souvenirs de Carnaval (2016-2022). Suite complète
de 7 pièces y compris le titre RRR. — (On a joint
5 épr. sur chine *avant la lettre*) soit ensemble 12
pièces. Très belles épreuves (2 pl. sont courtes de
marges et le titre rogné autour des filets).

425. Les Toquades (2029-2048). Suite complète de 20
pl. Belles épreuves sous cartonn. rouge. Exemplaire des Goncourt.

426. La même Série. Suite complète en belles épreuves
sur chine (remontées).

427. Des Anglomanes (2054) — Le Courrier de Paris
(2059) — Déjeuner de garçon (2062) — Mascarade
(2067) — Le Ballon Perdu (2069) — Lecture de
l'Artiste (2070) — Le Diable à Paris (2072) —
Physionomie de la Population de Paris, 3 pl.
(2592, 2593-2596). Dix planches. Belles épreuves
(1 *coloriée*).

428. Le Courrier de Paris (2059) — Déjeuner de Garçon
— Promenade (2062 et 2063) — Bonjour ami
(2064) — La Croix de Jesus (2066) 2ᵉ et 3ᵉ état —
Vieux Habits, vieux galons (2068) — Le Ballon
perdu (2069) — Lecture de l'artiste (2070) —
Recherche de l'Inconnu (2071) — Magicienne
(2099) — Prelude (2134) — Costume d'Humann
(2651) — Costumes d'Eté (2652) — Saison d'Hiver
(1858, 2653). Seize planches (dont 1 double).
Belles épreuves (4 *coloriées*).

429. Dejeuner de Garçon (2062) *avant la lettre.* —
Enfant terrible (2087) — Un Fumeur (2090) —
Rue de S' Jean (2103) Quatre pièces. Très belles
épreuves une en *bon à tirer signé de Gavarni.*

430. Balayeur des rues — Marchand de casseroles
(2073-2074). Deux pièces en double état, soit 4
pl. Très belles épreuves.

431. Elisa (2077) — On l'Entoure (2080) — L'Album
(2084) — En prison (2094) — Maraudeur (2096) —
L'Epicier (2097) — Ma Femme dessine (2107) —
L'Escalier (2112) — L'Echarpe (2130) 9 planches.
Très belles épreuves *avant toute lettre* dont 3
bons à tirer.

432. Argent mal employé (2091) — Mais avec Mathieu
(2093). — La Fille et la Mère (2095) — Dans les Bois
(2135) — Prières sur une tombe (2140) — Le
Jour des Morts (2151) — Causerie au Bal Masqué
(2158) — C'est à ne pas croire (2159) — En
Vérité ? (2160) — Le Bonze (2696) 10 planches
inédites, très rares. Très belles épreuves une en
bon à tirer signé par Gavarni.

433. Mercier ambulant (2125 RRR). Très belle épreuve
avant la lettre, signée, imprimée en bistre sur
chine teinté.

434. Gentilshommes de banlieue en divertissement de
micarême (2161 RRR). Très belle épreuve *avant la
lettre* sur chine.

435. Le Jour de l'an chez l'ouvrier (2189 RRR). Très
belle épreuve *avant la lettre* sur chine (*collection
de Goncourt.*)

436. Les Regrets (2136) — Orientale (2137) — Rencontre
sur la Montagne (2142) — La Pastourelle (2173) —
Gens de Barèges en voyage (2176) — Gargantua
(2183) — Saison d'Hiver 1858 (2653) — Costume
de transition (2665) — Mode (2670). Neuf pl. Très
belles épreuves *avant toute lettre* (sauf une) dont
un *bon à tirer.*

437. L'Abeille Impériale (2191-2197). Série complète
de 10 pl. (14 états ou double ajoutés) soit 24
planches. Belles épreuves.

438. Costumes et Modes du Charivari (2224 à 2239-
2252 à 2254-2256 à 2271-2343). Trente-six pièces,
la plupart en *certificat de tirage* (une *avant la
lettre*).

439. La même serie, 36 pl. dont 5 *avant lettre* et 5 *certificat de tirages*. Belles épreuves.

440. Histoire du Costume en France (2241-2251). Suite
complète de 11 pl. (8 *avant lettre*, un double et la
suite en épr. du Charivari ajoutés) soit 19 pièces.

441. Souvenir du Bal Chicard (2272-2291). Suite complète de 20 pl., (6 épr. *avant la lettre* ajoutées)
soit 26 pl. Très belles épreuves, plusieurs en
certificats de tirage.

442. La même suite (incomplète des n° 5-7-15) soit 17
pl., plus 9 doubles. Ensemble 26 planches. Belles
épreuves (7 *coloriées*).

443. Chronique de Paris (2292 à 2299). Suite complète
de 8 pl. (12 pièces ajoutées), soit 20 pièces (une
avant la lettre).

444. Bals Masqués (2218-2300 à 2305). Suite de 6 pl. (*certificats de tirage*) — Petits travestissements (2588
et 2589). Suite complète de 2 pl. soit ensemble
10 pièces.

445. Les Bals masqués (pièces parues isolément) numé-
rotées de 1 à 7 dont 2 d'après Gavarni, en
plusieurs états et modèles de coloris, soit ensemble 19 pièces. Belles épreuves.

446. Costumes des Pyrénées (2306 et suivants) 8 pl.
(sur 24) dont 6 *avant l.* — Mode de Paris depuis
1750 (2403 et 2404). Suite complète de 2 pl.
inédites. — Travestissements originaux (2646 à
2649). Suite complète de 4 pl. inédites. 14 planches.
Très belles épreuves.

447. Fashionables (2331-2342). Suite de 12 pl., incomplète de 2 pl. (3 *coloriées* et 4 *certif. de tirage* ajoutés).

448. *Musée de Costumes* (2407-2508). Suite de 106 pl. (incomplète des n°° 54, 163, 286) avec 53 doubles *coloriés*, soit 156 pl. Belles épreuves.

449. La même suite, 47 pl. en superbes épreuves *avant la lettre* datées à la main (sauf une).

450. Nouveaux Travestissements (2509-2586), pl. 1 à 5, 7 à 12 (par A. Devéria), 13 à 30, 31 à 36 (par Devéria), 38 à 43, 46 à 48, 50, 51, 54, 55, 58 (2 états), 59, 60, 62, 64 à 68, 70, 76, 78, 80, 82 à 84. 86 à 90, soit 71 pièces *coloriées*, de tirages et de marges différents.

451. La même série en noir, incomplète des pl. 27, 29, 30, 43 à 47, soit 85 pl. (y compris 3 pl. d'état ajoutées), la plupart en belles épreuves.

452. Nouveaux travestissements (2509-2586). 42 pl. (dont 23 *coloriées*) — Travestissements grotesques (2640-2045). Suite complète de 6 pl. Ensemble 53 pièces.

453. Psyché (2602 à 2610 et 56). 7 pl. (sur 10) — Costumes mobiles sur figurine (2611 à 2624), 10 pl. (sur 14). Ensemble 33 planches y compris des états. Belles épreuves.

454. Costumes Mobiles sur figurine (2611 à 2624). Suite de 14 planches (incomplète du 2612) — Psyché, 4 pl. en *certificats de tirage*, double, soit 18 planches. (On a joint diverses découpures).

455. Travestissements (2627-2639). Suite de 12 pl. (incomplète d'une pl.). 27 épr. d'états diff., dont 2 *avant la lettre*. Belles épreuves dans leur couverture de publ.

456. Le Soldat Laboureur (2677) — Le Père et la Fille (2678) — L'Usurier (2681) — Que fera-t-elle plus

tard (2682) — Ivre à Moitié (2686) — Marchande à
la Toilette (2687) — En débardeurs (2691) — La
Lecture (2697) — Basques (2698) — Scène d'Intérieur (2699) — Le Propriétaire (2700). 11 planches.
Très belles épreuves (8 sur chine).

457. Le Bal Masqué (2703 RRR). Belle épreuve sur
chine.

458. *Grotesque disguises* (2707 et suiv.). Suite complète de 12 planches. Très belles épreuves *coloriées* (cassures à 2 pl.).

459. Balzac, essai de gravure sur la planche de Bracquemond (Grand Croquis de Paysage). (B. 160).
Très belle épreuve (pli).

460. Essais d'Eau-forte et de procédés divers (suppl 1 à
21) ; 20 pièces — Les Tribus errantes de Paris (22
à 26), 3 pl. (sur 5). 23 pièces. Belles épreuves
(une annotée par de Goncourt).

461. Sous ce numéro, il sera vendu par lots, environ
2,900 pièces par ou d'après Gavarni, avec ou
sans texte au verso.

GENIOLE (A.)

462. Les Femmes de Paris (Chez Aubert). Suite de
30 pl. *coloriées* (sauf une) en 1 album dérelié.
(On a joint la pl. 23 *avant la lettre*).

463. La même série. N°ˢ 1 à 3, 6 à 26, 29, soit 25 planches (3 *coloriées*).

GÉRARD-FONTALLARD (H.)

464. *Histoire d'une épingle par elle-même, en seize
tableaux*. Paris, s. d. (1827) ; couvert., avant-
propos et suite complète de 16 pl. avec les pl. 10
et 12 ajoutées en épr. d'état *avec croquis en
marge*. Très belles épreuves.

465. Doubles de la série précédente ; couvert., avant-propos et 29 pl., plusieurs en tirage postérieur (15 *coloriées*). On a joint 6 copies.

466. Bluettes — Folie — Titres de musique — Les Moustaches, etc. Ensemble 58 pièces (quelques-unes *coloriées*).

GERARD-FONTALLARD — FRANCIS

467. 1836, suite de 6 pl. — L'Intérieur de la maison d'une Excellence, 2 pl. — Esquisses Parisiennes, couvert. et 6 pl. — 22 planches. Belles épreuves (14 coloriées).

GÉRICAULT (J. L. Th.)

468. Chevaux et Sujets divers, 19 pièces, y compris plusieurs doubles.

GRANDVILLE (J. J. I.)

469. *Les Métamorphoses du Jour*. Paris, Bulla, 1829. Suite de 73 pl. (incomplète des n°ˢ 48, 51, 57, 61, 63, 68, 69 et 73), soit 65 pl. Belles épreuves, *coloriées* (sauf une, réparation en marge à une pl.).

470. La même série (incomplète de 21 pl.), soit 52 pl. *coloriées*.

471. Doubles de la série précédente, 53 pl. (en grande partie *coloriées*).

472. La même série. Edition d'Aubert, 1836. Suite de 72 pl. (incomplète de la pl. 72), en 1 alb. in-4° obl. cart.

473. La même série en feuilles.

474 Partie de l'œuvre : Caricatures et Scènes de mœurs — Fantaisies. Environ 350 pièces.

GREVEDON (H.)

475. PORTRAITS : Marie-Amélie—Orléans(D^me d')—Join-
ville(P^sse de) — Mlle P^lessis — Mlle Falcoz — Marie
de Médicis — Herschel, etc. Cinquante-quatre pl.,
la plupart en belles épreuves.

476. *Alphabet des Dames, ou Recueil de 25 portraits
de fantaisie.* Paris, Chaillon-Potirelle, 21 pl. et
4 portraits supplémentaires (d'une suite de 25 et
5 portr. supplémentaires), soit 25 pl. Belles
épreuves (6 *coloriées*, 2 rognées et 4 courtes de
marges).

477. *Le Miroir des Dames, ou nouvel alphabet français.* Paris, Aumont. Couvert. et 23 pl. (sur 25 ;
manque K. et S.). Belles épreuves (2 coloriées,
7 plus courtes de marges ou fatiguées).

478. Les Saisons — Les Heures du Jour — Alphabet
Etranger — Les Vertus — Les Mois — Les Ages,
etc., 73 pl. par ou d'après Grevedon.

GRÉVIN (A.)

479. Fantaisies Parisiennes — Au Salon — Aux Courses
de Vincennes — Le Monde Amusant — Bali-
vernes — A la Mer — Ces bons provinciaux, etc.,
etc. Environ 225 planches en *épreuves d'essai*,
la plupart *coloriées*, avec *légendes manuscrites*.

480. PARTIE DE L'ŒUVRE : A travers Paris — Monorga-
norama — Actualités — Fantaisies Parisiennes
— A l'Opéra — Filles d'Eve, etc. Environ
1,000 pièces.

HAUTECŒUR-MARTINET

481. Acteurs et Actrices représentés dans leurs divers
rôles. Réunion d'environ 450 planches.

HERVIER (Ad.)

482. Lithographies, album de 12 pl. Très belles
épreuves sur chine (couverture de publication,

INGRES (d'après J. D. A.)

483. Bertin, par Henriquel Dupont — Mad* Mariotte
d'Argenteuil, par Léon Noël. Deux pièces.
Belles épreuves sur chine, la 1ʳ *avant la lettre,
signée.*

ISABEY (Eugène)

484. *Souvenirs* (Hédiard 1 à 5). Couverture et suite de
5 pl. (incomplète de la pl. 2) — *Six Marines,*
2 pl. — Brick échoué — *Croquis par divers
artistes,* pl. 53. Douze planches. Belles épreuves
(7 *sur chine*). On a joint 3 pl. d'après E. Isabey.

JACQUE (Charles)

485. Militariana, 4 pl. — Caricatures du Jour — Les
Malades et les Médecins, suite de 24 pl. — Les
Mois, par Adrien Lavieille, couv. et suite com-
plète de 12 pl. en double suite, une s. chine, etc.
Ensemble 62 pl., plusieurs *coloriées* (quelques
doubles).

JOHANNOT (A. et T.)

486. Portraits, vues, vignettes, etc. Environ 100 pl. par
et d'après A. et T. Johannot.

LALAISSE (H.)

487. Types Militaires. *Paris, Morier.* Suite de 59 planches. Très belles épreuves *coloriées.*

488. *L'Armée française et ses cantinières* (Orengo,
éditeur). Titre (par V. Adam) et pl. 1 à 4, 6 à 22,
24 à 28, par Sorrieu et Fortuné, d'après Lalaisse,
soit 38 pl. de tirages différents. Belles épreuves
coloriées.

LAMI (Eugène)

489. Les Contretemps (H. B. 196-219), 23 pl. (sur 24)
coloriées en 1 alb. in-8 obl. cart. bradel.

490. Projet d'uniforme pour la Garde Nationale à
Cheval — Coucou — Contretems, 9 pl. et 2
doubles — Six quartiers de Paris, 3 pl. (sur 6) —
Croquis par divers artistes — L'Artiste (pl.
parues dans). 23 planches (1 *coloriée*).

LAMI (Eug.) — LEPRINCE (Xavier)

491. *La Vie de Château* (1re partie), Lami-Denozan,
1828 (B. 278-288). Titre et suite complète de
10 pl. — *Inconvénients d'un voyage en Diligence.*
Suite complète de 12 pl. (manque le titre).
Ensemble 22 pl. en 1 album in-4° oblong, cart.
Très belles épreuves *coloriées* (déchirures à
9 pl.).

LAMI (Eug.) et MONNIER (H.)

492. *Voyage en Angleterre.* Paris, *Didot*, et London,
Colnaghi, 1829-1830 ; 1 couvert., 6 pages de texte
(sur 8) et suite complète de 24 pl., avec 9 états ou
doubles et 7 pl. supplémentaires (dont 1 double),
ajoutés. Ensemble 40 pl. *coloriées* (sauf 4) dont
8 *rehaussées par Monnier*.

Les 6 pl. supplémentaires sont : Club des
Fermiers (n° 6) ; Habitation de Cultivateurs, vue
intérieure (10) ; Crescent Park (27) ; Un Salon
(28) ; Un trottoir dans la Cité (29) ; Arrestation
par les Constables, ép. *avant la lettre*.

493. Doubles des pl. de l'ouvrage précédent, 23 pl.,
8 *coloriées*.

LAUTREC (H. de Toulouse)

494. Programme pour le *Missionnaire*. Très belle
épreuve, *avant la lettre, imp. en couleurs,
numérotée*.

495. Programme pour *Une Faillite*. Très belle épreuve,
avant la lettre, signée (n° 35).

LEPERE (Auguste)

496. Fauteuils d'Orchestre, d'ap. H. Daumier (Lotz Brissonneau, 133). Belle et rare épreuve sur japon.

LE POITEVIN (E.)

497. *Les Diables de Lithographies* (Aumont et Tilt). Couvert. et 12 pl. — Ombres Fantastiques (Aumont et Tilt). couvert. et 12 pl. Soit 26 pl. en 1 album in-fol. (dérelié).

498. *Les Diables de Lithographies* (Aumont et Tilt). Couvert. et 12 pl. en doubles épreuves noir et coloriées — Six petits dessins variés (Aumont et Tilt); couvert. et 6 pl., 33 planches en belles épreuves. (On a joint 2 couvert. et 3 doubles).

499. Son portrait par Baugniet. Diableries, 33 p. — Lanterne magique, 5 p. — Alphabet diabolique — Souvenirs patriotiques, 5 pl., etc. Ensemble 50 pl., marges inégales, quelques doubles.

LŒILLOT (Karl)

500. L'Hippophile ; scènes instructives sur la vie du cheval..., ses allures, etc. Paris, chez l'Auteur, s. d. (1847). Titre, 5 frontispices et 36 pl. (suite complète moins l'appendice) en très belles *épreuves de certificats de tirage.*

LORENTZ (A.-J.)

501. Les Plaisirs de la Chasse, les Petits Bonheurs de l'Equitation, les Folies de l'opinion, Titres de romances, Physiologie du marin, etc, environ 125 pl. (plusieurs *avant la lettre*) ou dessins.

MADOU (J.-B.)

502. *Album de 12 sujets* (Lith. J. Mayer), complet. — Discussion littéraire. — Le Concours, le Boudoir, le Médaillon, etc. 21 planches (dont 4 doubles).

MAURIN (N.) — NOEL (L.), etc.

503. Sujets gracieux et galants, 118 pièces, la plupart
en belles épreuves (quelques-unes *coloriées*).

MAYEUX (Estampes relatives à)

504. Réunion de 155 planches par divers artistes, la
plupart *coloriées*.

505. Réunion de 240 pièces par divers artistes (Traviès,
Robillard, Machereau, E. Forest), etc., en partie
coloriées.

ŒUVRE

DE

MONNIER (Henry)

506. Son Portrait, 17 pl. par Daumier, Lami, Gavarni,
Carjat, Monnier, etc.

507. Costumes de Théâtre (H. B. 1 à 31) : Brunet,
Vernet, M' Tousez, Odry, Monrose, etc., 25 pièces (10 *rehaussées et signées par l'artiste*).

507 *bis*. Doubles de la série précédente, 15 pl.

508. *L'Espionne, comédie-vaudeville en trois actes* (32-
37). Couverture et suite complète de six planches.
Très belles épreuves, *coloriées*.

509. La même série (incomplète de M' Lafond), avec
2 pl. différentes ajoutées, soit 7 planches en très
belles épreuves (4 *coloriées*, 1 *rehaussée et signée
par l'artiste*).

510. Titres de Musique (38-54) : Demain et Aujourd'hui,
Les Grisettes, Histoire de l'Amour, Ma Taba-
tière, Les Projets d'Etude, Hélas elle a fui, etc.,
17 planches (la plupart avec la musique), quelques états (4 *coloriées*, 1 *rehaussée et sign. par
l'artiste*).

510 *bis.* Doubles de la série précédente, 17 pl.

511. La Vedette Ecossaise (57). — La Vertu chance-
lante (60 et variante). — J. Beg pardon (62). —
Un Propriétaire (64), 3 épr., 1 sans marge. —
Armée d'Afrique (554), deux épr. — Caricatures
du Jour (555). — Histoire véritable de Mr Prudhomme (556), 2 épr. — Souvenirs du Théâtre
Royal de Coutances (558), 2 épr. — Né à Colmar
rue des Juifs; Le Boucher des Pays-Bas (2 épr.);
Le Croquis n° 1 ; 3 pl. n. d. — Ensemble 18 pl.
Belles épreuves (6 *signées par l'artiste*, dont 3
rehaussées ; 3 coloriées).

512. Le Jour de l'An (59), n°s 2 et 3. — Croquis, Londres, Dickinson (71), pl. 62. — Répertoire du
Théâtre de Madame (609-612), suite *complète* de
5 pl. — Le Cauchemar. — 2 pl. de croquis. —
Scènes Populaires, 2 pl. (1 avec t. au v°), etc. —
17 planches; Belles épreuves (6 *coloriées*).

513. Les Cochers des morts et des vivants (63), 2 épr. —
Postillons et Cochers (67-70). Suite complète de
4 pl. — Ens. 6 planches ; 5 en belles épreuves
coloriées (une *rehaussée et signée par l'artiste*).

514 Modes et Ridicules (82-91). Suite complète de 10 pl.
Très belles épreuves, *coloriées* (une épreuve
avant la lettre, ajoutée).

515. *Exploitation Générale des Modes et Ridicules de
Paris et de Londres* (92-98). — Couverture et
suite complète de 6 pl. en double série (noir et
coloriées). Très belles épreuves.

516. *Les Contrastes* (99-104). Suite complète de 6 pl.,
avec une variante de la pl. « Ayez pitié des
Chiens », épreuve *coloriée* et *signée par l'artiste*,
soit 7 pl. Belles épreuves.

517. *Passe-Temps* (105-110). — Suite complète de 6 pl.
en *certificats de tirage* (les pl. 1-4-6 sont en
double état, *avant la lettre*, une *rehaussée et
signée*).

518. *Récréations du cœur et de l'esprit* (113-154). Couverture, frontispice et suite de 36 planches *coloriées* (sauf la pl. 31) auxquelles sont ajoutées 32 pièces (pl. supplémentaires, *épr. d'états ou rehaussées et signées par l'artiste*). Ensemble 69 planches ; Belles épreuves.

519. *Les Marionnettes de Paris et de Londres* (155 à 160), 3 pl. (sur 6 ?) dont 1 *rehaussée et signée par l'artiste*, plus 1 double. — *Impressions de Voyage* (532-537). Suite complète de 6 pl. en épr. *coloriées* (3 pliées ou réparées). — *Code Civil illustré* (543-547) — 2 pl. (sur 5) plus une variante en très belle épr. *avant la lettre*. — Ensemble 13 pl.

520. *Rencontres de Paris et de Londres* (161-167). Suite complète de 7 pl. (y compris la pl. supplémentaire : Enterrement du Peuple), 8 pl. Belles épreuves (4 *coloriées*, 2 *rehaussées et signées par l'artiste*).

521. *Rencontres Parisiennes* (178-218). Suite complète d'un frontispice, 40 pl. et 1 pl. supplémentaire (Le Départ). Belles épreuves, *coloriées* (3 *signées* par l'artiste, quelques-unes courtes de marges).
On a joint 4 variantes, une *rehaussée et signée* par Monnier.

522. La même suite, n°s 1 à 4, 6 à 10, 12, 18, 23, 24, 26, 30, 40 ; soit 16 planches *coloriées* (on a joint 2 doubles).

523. La même suite n°s 1-2-5-6-8 à 10-12 à 19-21-23, 26, 27 à 35, 37 à 40, soit 31 planches (on a joint 2 doubles).

524. Suites imprimées chez Feillet (219-225 et 226-231), suites complètes de 7 et 6 planches, avec un double, soit 14 pl. en belles épreuves (4 *rehaussées et signées par l'artiste*, une *coloriée*).

525. *Esquisses Parisiennes* (232-242). Suite complète de 10 pl. Belles épreuves (une *rehaussée et signée par l'artiste*).

526. *Mœurs Parisiennes* (243-252). Suite complète
de 10 pl. avec 5 doubles ajoutés ; ensemble
15 pl. (7 *coloriées, 6 rehaussées et signées par
l'artiste*).

527. *Paris Vivant* (253-273), 2 titres différents *signés* et
suite de 20 pl. (incomplète de la pl. « l'Attente
d'un dîner »). Belles épreuves coloriées dont
8 *rehaussées et signées par l'artiste*. (On a joint
5 doubles). Ensemble 26 pl.

528. *Scènes du Jour, les Péchés Capitaux* (274-285).
Suite de 12 pl. à 2 sujets (incomplète de la pl. 9).
— Un tuteur, 2 buveurs ; Paris, Londres ; 2 pl.
de 2 sujets (destinées à la série précédente ?). —
Ensemble 13 pl. Belles épreuves (5 *coloriées*). —
On a joint un double.

529. *Le Temps, sa brièveté, sa longueur...* (286-295).
Suite complète de 9 pl. en belles épreuves *coloriées* (4 pièces ajoutées), soit 13 pl. (une *rehaussée et signée par l'artiste*).

530. Chansons de Béranger (296-315), 21 planches (sur
24 ?). Très belles épreuves *rehaussées et signées*
par l'artiste.

531. *Les Grisettes dessinées d'après nature, par Henry
Monnier* (316-328). Couverture illustrée et suite
complète de 12 pl., *coloriées*.

532. *Les Grisettes* (329-370). Couverture et suite de
42 pl. (incomplète des pl. 37 et 40) ; Très belles
épreuves *coloriées*.

533. *Les Grisettes* (371-376). Frontispice et suite complète de 6 pl. Belles épreuves *coloriées* (un double
rehaussé et signé par l'artiste), en 1 album in-4°
oblong, bradel toile.

534. *Mœurs Administratives* (377-383). Frontispice et
suite complète de 6 planches en triples épreuves
1° noir, 2° *coloriées*, 3° *rehaussées et signées par
l'artiste*, soit 19 pl. Très belles épreuves.

535. *Mœurs Administratives* (384-396). Couverture,
titre et suite complète de 12 planches, en superbes épreuves *rehaussées et signées par l'artiste.*

536. La même suite (incomplète d'une pl.) en belles
épreuves *coloriées* (sauf une), soit 11 pl. (On a
joint 2 doubles et 1 pièce *signée de Monnier*).

537. *Galerie Théâtrale* (397-421). Couverture et suite
complète de 24 planches. Belles épreuves, *coloriées* (sauf 2), dont 16 *par l'artiste lui-même,
signées.*

538. Doubles de la série précédente, 26 pl. (plusieurs
coloriées).

539. Une Soirée à la Mode; Des Messieurs de Bonne
Maison (422-423). — Boutiques de Paris (426-431).
Suite complète de 6 pl., plus 3 doubles. — Self
satisfied, etc. soit 18 planches. Belles épreuves (7 *coloriées*, 1 *rehaussée et signée par l'artiste*).

540. *Galerie Contemporaine* (424 et 425). Suite complète de 2 pl. avec un double. — *Esquisses mo-
rales et philosophiques* (473 - 479), 4 pl. (sur 6).
— Petites misères (B. n. d.). Suite complète de
2 pl. et un double. Ensemble 10 pl. Belles
épreuves (4 *rehaussées et signées par l'artiste,*
1 avec t. au v°, *signée*).

541. *Boutiques de Paris* (426-431). Couverture et
suite complète de 6 pl. Très belles épreuves
rehaussées et signées par l'artiste.

542. *Six Quartiers de Paris* (432-438). Frontispice et
suite complète de 6 planches en doubles épreuves noir (sauf une color.) et *rehaussées et signées
par l'artiste*; soit 14 pl.

543. *Vues de Paris* (439-443). Couverture et suite complète de 4 pl. *coloriées* (2 *par l'artiste, signées*),
(3 doubles joints).

544. *Jadis et Aujourd'hui* (444-462). Couverture (morceau) et 17 pl. (sur 18), auxquelles sont ajoutées 4 doubles *coloriées* (2 *par Monnier, signées*), soit 21 pl.

545. *Les Petites Félicités Humaines* (463-467). Titre (rogné) et suite de 5 pl. (incomplète de la pl. « La Jeunesse »), avec ajoutées 2 épr. *rehaussées et sign. par l'artiste*. — Les Petites Misères Humaines (468-472) titre (rogné) et suite complète de 5 pl. en épr. *coloriées*, avec ajoutées 2 épr. *rehaussées et signées par l'artiste*. Ensemble 13 pl.

546. *Boutades* (481-487), titre et 6 pl. *coloriées par Monnier, signées ou dédicacées à Même* (le titre excepté).

547. Caricatures Politiques (488 et suivants), 16 planches (dont 2 doubles), quelques-unes *coloriées*, une *rehaussée et signée par l'artiste*.

548. *Pasquinades* (490-495). Suite complète de 13 planches (dont 6 par Monnier, les autres par Decamps, Wattier ou anonymes) en très belles épreuves *coloriées*, auxquelles sont jointes 2 épr. *rehaussées et signées par Monnier*, et 7 doubles. Ensemble 22 pl.

549. La Silhouette (496-501). Série complète de 6 pl. en doubles épr., noir et coloriées, plus 1 double. — Les Gobe Mouche, Les Voisins de Campagne, Explosion, Petites Misères pl. 2. — Petites misères, petites félicités humaines, 4 pl. — Ens. 21 pl. — On a joint 3 pl. d'après Monnier ou avec t. au v°.

550. *Distractions* (519-525) ; Suite complète d'un titre et de 6 pl, en double épr., noir et color., dans le cartonn. de publication (dérelié). — *Distractions* (n. d., Juin 1832) ; 5 pl. (1 *coloriée*, 3 *rehaussées et signées* par l'artiste). Ensemble 18 pl.

551. *Récréations* (526-531). Suite complète de 6 planches en doubles épr., *rehaussées et signées par l'artiste*, soit 12 pl.

552. La même suite, en doubles épreuves noir et coloriées (sauf le 4), soit 11 pl.

553. *Impressions de Voyage* (532 - 537). Suite complète de 6 pl. avec ajoutées les pl. 2 (2 épr.), 3, 5, 6, en superbes épreuves *rehaussées et signées par l'artiste*, 2 avec dédicace à Mène. Ensemble 11 pl.

554. *Nos Contemporains* (538-542). Suite complète de 5 pl. en doubles épreuves : 1° tirage à part, 2° épreuves avec texte au verso, *signées par l'artiste*, (3 *retouchées* ou *rehaussées à l'aquarelle*).

555. *Les Gens sans façon* (548-553). Suite de 6 pl. (incomplète du 5) en double série (l'une en épr. *rehaussées et signées par l'artiste*), soit 10 pl. (2 *lettres autographiées* de Monnier à Mène et 1 épr. *coloriée* ajoutées).

556. *Maximes et pensées* (560-575). 28 planches (dont 6 doubles). Belles épreuves, quelques-unes sur chine.

557. Frontispices lithographiés et vignettes (576-608 et n. d.), 17 pl. avec 16 doubles ou états ajoutés, soit 33 pl. Belles épreuves (6 *avant l.*, 3 d'états ou certificats de tirage, 13 *coloriées*, 3 *rehaussées et signées par l'artiste*).

558. *Histoire des Bêtes parlantes* (579-581). Suite de 4 pl *coloriées* avec 6 doubles ou états ajoutés — *Scènes populaires* (668-673). Suite complète de 6 pl. — La Sortie de l'Eglise ; Les Compliments ; La Mairie ; Le Bal (*Bernard*). Suite de 4 pl. avec 6 états ou variantes ajoutés. Ensemble 26 pl. (2 certificats de tirage, 7 *coloriées*, 7 *avant l.* dont 3 avec légendes manuscrites.

559. *Chansons de Béranger* (613-652). Suite complète
de 40 planches en doubles épreuves (sauf 2).
1° coloriés, 2° *rehaussées par l'artiste* (quelques-
unes *signées*). Soit 78 planches. On a joint une
lettre de Monnier à Mène et son portrait,
rehaussé et *signé*).

560. Inauguration du drapeau à Bourg (Ain) 1825 (n. d.).
Très rare épreuve, *signée.*

561. Argus, Flora, Nymph of the Thames, Zephyr
(*London, publ. Nov. 1825 by C. Esenwein*, à
Paris *chez Giraldon Bovinet*) (B. n. d.). Suite de
4 pl. Très belles épreuves (1 *coloriée*).

562. Paris Vivant (*chez Aubert; Lith. de Delaporte*).
Suite de 4 pl. Très belles épreuves *coloriées*
(2 doubles *signés par l'artiste*), soit 6 pl.

563. Passe-Temps (n. d.). Suite complète de 6 pl. Très
belles épreuves, *avant lettre, rehaussées, légen-
dées et signées par l'artiste* (un double).

564. Femme Desjardins, née Chalumard — La Jeunesse — Coin du Feu — La Parade — Une
maman pour tout faire — L'Amateur — Un
ancien camarade. 7 planches. Très belles épreuves,
rehaussées et *signées par l'artiste.*

565. Bonaparte est mort — Avant, pendant, après —
Les Sauveurs de la France — The Amateur
concert — 1829! — Galerie Contemporaine,
etc. 15 planches. Belles épreuves (12 *coloriées*).

566. L'Age Mûr — Le Cauchemar — Le Voyageur, etc.,
etc., 21 pièces diverses en très belles épreuves
rehaussées et signées par l'artiste, plusieurs
avant la lettre.

567. Pièces diverses, la plupart *avant la lettre* ou
inédites ; 18 pl. Belles épreuves.

568. Les Grisettes — Six Quartiers de Paris — Récréations — Vues de Paris, etc., 53 pl. (la plupart *coloriées*, une *signée*).

MONNIER (d'après)

569. Vignettes pour différents ouvrages ou journaux. (Français peints par eux-mêmes, Fables de La Fontaine, Les Industriels, Le Musée des Familles, etc., etc.). Environ 400 pièces, un certain nombre *en tirage à part, sur chine*.

NANTEUIL (Célestin)

570. TITRES DE MUSIQUE. Environ 1200 pl., la plupart avec la partition, en tirage à part, ou *avant la lettre*. Belles épreuves (un grand nombre sur chine).

NOEL (Léon) — MIDY (A.), etc.

571. Les petits peintres — Les petits postillons — La petite armée — Le petit garde national — Les petits pêcheurs — Le Frère blessé — Le billet doux — La douce résistance — Le contrat de mariage — Le premier enfant, etc. Ensemble 16 pl.

PHILIPON (Charles)

572. Réunion de 88 planches appartenant à diverses séries : Amourettes — Papillons à la Mode — Spéculateurs — Croquis d'un Flaneur — Les Ridicules — Grande Mode, etc. (la plupart *coloriées*).

573. Réunion de 185 planches appartenant à diverses séries : Les Ridicules — Les Annonces — Métiers de Paris — Les Fashionnables — Amourettes — Les Amours du Bon Ton, etc. (en partie *coloriées*).

PIGAL (E. J.)

574. *Mœurs Parisiennes, par Pigal*. Paris, Gihaut, s,
d. Titre et pl. 1 à 17, 19 à 78, 80, 84, 88, 89, 91 à
93, 95 à 97 et 100, soit 88 pl. *coloriées* (les pl. 1 à
72 en 1 alb. in-4° rel. d'édit.).

575. La même série (incomplète de 29 pl.), soit 71 pièces.
Très belles épreuves.

576. Doubles de la série précédente, 49 pl. *coloriées*.

577. *Recueil de Scènes de Société*, par Pigal. Paris,
Martinet, s. d. Titre et suite de 50 pl. *coloriées* en
1 alb. in-4°, cart. d'édit. (1 pl. débrochée, cassures à plusieurs pièces).

578. Doubles de la série précédente, 37 pl. la plupart
coloriées.

579. *Recueil de Scènes Populaires, par Pigal*. Paris,
Martinet, s. d. Titre (restauré) et pl. 1 à 6 et 8 à
50, soit 49 pièces *coloriées*, en 1 alb. in-4° cart.
d'édit. (4 pl. débrochées).

580. *Scènes de Mœurs*. Suite de 25 pl. en 1 alb. in-4°
cart. Belles épreuves.

581. *Scènes Familières*. Suite de 24 pl. Belles épreuves,
coloriées.

581 *bis*. *Vie d'un Gamin en 12 Chapitres*, Gihaut, 1826,
Couverture et suite complète de 12 pl. On y a
joint 10 pl. doubles, *coloriées*, soit ensemble 22
pièces.

582. *Proverbes*, pl. 1 à 65 et 1 pl. 51, soit 66 pl. avec
le texte explicatif pour les n°ˢ 1 à 30. Très belles
èpreuves, *coloriées* (sauf une).

583. Réunion de 106 pl., appartenant à diverses séries :
Proverbes — Scènes Populaires — Miroir de
Paris — Vie d'un Gamin, etc., la plupart
coloriées.

584. *Coup d'Œil sur Rome, affaires du Jour*. Couverture et suite complète de 12 pl. Très belles épreuves *coloriées*.

PLATIER et PLATTEL

585. Les Grisettes de Paris, 19 pl. — Les jolis petits Visages — Les Amants célèbres — Les Mauvais payeurs — Les Restaurants de Paris, etc. Réunion de 185 planches, plusieurs *coloriées* (6 *avant la lettre*)

PORTIER (A.)

586. La Journée d'une artiste — Petite Coquetterie — Les Leçons — Costumes historiques — L'Oméopathie — Les Saints Simoniens — Bonbon des Arts, etc., 90 petits sujets pour dessus de boites. Belles épreuves, *coloriées*.

PORTES et FENÊTRES

587. Sujets gracieux par Wattier, A. Menut, Forest, Monnier, Bouchot, Numa, etc. 87 planches. Belles épreuves, la plupart *coloriées* (quelques doubles).

PRUCHE

588. Bambochades — Les Désagréments de Paris — Les Inconvénients des Voitures publiques — Les Petits Métiers Parisiens — Les Domestiques, etc. Deux cents pièces, en partie *coloriées* (6 *avant la lettre*.

RAFFET (A.)

589. Le Colonel du 17ᵉ Léger (H. G. 7). — Le Baron Alfred de Marches (11) — Le Pape Pie IX (31) — Le Rêve (86) 2 épr., l'une avant la titre. — Le Reveil (85) — La Revue Nocturne (429) — 7 planches (la 1ʳᵉ remontée). (On a joint 2 portraits de Raffet).

500. Tu as de l'honneur (50) — Memorable y decisiva
bataila (57) — La Religion et la charte (64) — Ch.
Chéri, rôle d'Etienne — Champin, rôle de Philippe (87 et 88). — Catalans sur la Rambla (172)
— Garde Consulaire (177) 2 épr., l'une *avant
lettre* — Feuilles de Croquis (179 et 180) —
Feuilles de Croquis (180). 12 planches. Belles
épreuves (une *coloriée*).

501. Drapeaux Français (168-171). Suite complète de
4 pl. en couleurs — Histoire de Napoléon (237 à
260) 19 pl. (sur 25). — Voyage dans la Russie
Méridionale et la Crimée (504 - 702). Couv. et 25
pl. (sur 100) la plupart en tirage de E. Bourdin. —
Prise de Constantine (543-550). Couverture et 12
pl., (des 6 premières en 1" tirage s. chine). 60
planches dont 2 doubles (grattages aux 4
premières.)

502. Albums (1827 - 1836), réunion de 83 planches, y
compris des doubles, une partie en belles épreuves.

503. Costumes Militaires de la Restauration (445-478)
8 pl. (sur 30) — Collection des Costumes militaires de l'Armée, de la Marine et de la Garde
Nationale françaises, depuis 1830 (470-497) 12 pl.
(sur 32) et 2 doubles. Ensemble 22 pl. Belles
épreuves (plusieurs *avant la lettre*).

504. Croquis pour l'amusement des enfants (290-316)
Suite d'un front. et 20 pl. (incomplète du front.)
— Huit Feuilles de croquis (317-324) suite com-
plète, 27 doubles ou états des pièces précédentes.
Ens. 55 pl., un certain nombre en 1 album in fol.
cartonn., plusieurs sur papier.

505. *Expédition et Siège de Rome* (557-593) Couv.,
faux titre et suite complète de 36 planches. Très
belles épreuves sur chine.

505 bis. *Voyage dans la Russie Méridionale et la
Crimée* (504-702) Couverture et pl. 1 à 40, 52,
54, 55, 57, 59, 60, 62, 65, 66, 69, 76, 81, à 100.

avec ajoutées les pl. 37 et 45 *en certificats de
tirage*, et la pl. 88 *avant lettre* : soit 83 pl. Belles
épreuves.

596. Sujets divers, Caricatures, vignettes, reports, etc.
Environ 180 pièces par et d'après Raffet.

ROUBAUD (Benjamin)

597. *Panthéon Charivarique*, 103 pl. y compris des
doubles avec texte au verso.

SILHOUETTE (La)

598. LA SILHOUETTE. *journal de Caricatures, Beaux-
Arts, Dessins, Mœurs, Théâtres,* etc. Paris 1829-
1830, 4 tomes en feuilles, sous 2 étuis in-4 , dos
maroq. brun à long grain.
Très bel exemplaire complet des planches et
du texte, mais avec les seules tables des T. 2 et 3
en tirage à part ; couv. conservées pour les T. I
et II ; le titre du T. IV est un titre du T. 2 sur-
chargé. Il a été ajouté de nombreux doubles à
cet exemplaire (états, épreuves sur chine. *coloriées*, etc.).

SYLVESTRE (J-E.)

599. Partie de l'œuvre, 24 eaux-fortes et 21 dessins.

TASSAERT (Octave)

600. Sujets divers, 14 pl., par et d'après Tassaert.

TITRES DE MUSIQUE

601. Musique Ancienne (fin du XVIIIe siècle et 1e moitié
du XIXe siècle). Important lot de morceaux de
musique pour Clavecin, Violon, Flûte, Violon-
celle, etc., la plupart ornés de vignettes.

602. Réunion d'environ 18.000 planches (la plupart
avec leur partition), en tirage à part, ou *avant la
lettre*, par Coindre, Grévin, J. David, Grandville.

Melingue, Nadar, Maurou, Leroux, Charlet, Bellangé, Chatinière, Ancourt, Forest, Barbizet, Cham, Bouchot, etc. UNE DES COLLECTIONS LES PLUS COMPLÈTES CONNUES CONCERNANT LES TITRES DE MUSIQUE.

TRAVIÈS (C.-J.)

603. PARTIE DE L'ŒUVRE : Scènes de mœurs. — Comme on dîne à Paris. — Scènes bachiques. — Musée Grotesque. — Alphabets. - Blagualités, etc. Environ 300 planches (12 *avant la lettre*).

TRAVIÈS (C.-J.), DELARUE (F.)

604. Physionomie de Paris, 8 pl. — Rues de Paris, 8 pl. — Scènes Parisiennes, etc. — Ensemble 25 planches. Belles épreuves (4 *avant la lettre*, 5 *coloriées*).

VERNET (Carle)

605. LES CRIS DE PARIS (*Delpech*), pl. 1 à 10, 13 à 17, 19 à 22, 25 à 29, 31, 33, 34, 36 à 44, 46 à 48, 50, 51, 53 à 55, 57 à 60, 78, 79, 85, soit 51 pl. (sur 100). — Belles épreuves, *coloriées*.

606. Imprimerie lithographique de Delpech. — L'Equilibre du verre. — La prise de tabac derrière la toile. — Les Amateurs d'Eclipse. — Les Chiens savants. — Cosutmes d'Eté, d'Hiver, 1825. - La Tempête, d'apr. J. Vernet. — Les Accidents de la Chasse ; les Accidents de Voiture ; Etudes de Chevaux ; Fables de La Fontaine ; etc. — 64 pl. (y compris quelques doubles). Belles épreuves (1 *avant lettre*, 10 *color.*) (On a joint 3 pl. d'après Vernet par Coqueret, Charon et Aubry).

607. Etudes de Chevaux : Paris, Vve Turgis, s. d., couv. et 77 pl. — Etudes de Chevaux (Engelmann, Motte, de Lasteyrie), 14 pl. — Chevaux de divers pays (sans nom d'impr.), 5 pl. — Mohamed Ali Pacha, 1 pl. — Etudes de Chevaux (chez Dupin),

12 pl. — Etudes de dessin ; chevaux (Engelmann),
couv. et pl. 1 à 12. — Recueil de chevaux de
tous genres, par Levachez d'après Vernet, 6 pl.
— Chevaux d'apr. C. Vernet par Heuer, 3 pl. —
Ensemble 130 pl. en 1 album gr. in-fol. oblong,
demi-maroq. rouge.

VERNET (Horace)

608. La Vie d'un Soldat, suite complète de 5 pl. en
doubles épreuves, s. blanc et s. papier teinté. —
Cours de Zoonomie. — Combat d'un Kurde et
d'un Persan. — Prise d'une redoute par des gre-
nadiers français. — Le Chien du Régiment. —
Le Trompette mort. — Le Duc d'Orléans à Ven-
dôme. — 20 Fables de La Fontaine (chez Aubert)
1 album, etc. — 46 planches. Belles épreuves, la
plupart de la collection Parguez, 6 s. papier teinté
avec rehauts par l'artiste. (Quelques doubles ou
états. — On a joint 10 pl. d'après H. Vernet).

609. Croquis lithographiques. — Portraits. — Scènes
militaires. — Scènes de chasse, etc. — Environ
60 pl., y compris quelques doubles. — On a joint
6 pl. d'apr. H. Vernet.

VERNIER (Charles)

610. Partie de l'œuvre : Actualités. — En Italie. — La
Lanterne magique. — Croquades politiques. —
En Vacances. — Revue Caricaturale. — Les Vé-
suviennes. — Agréments du Macadam. — La
Crinolomanie. — Etre et paraître. — Nos troupiers en Orient. — Au Bal de l'Opéra. — Souvenirs de Carnaval. — Le Pays Latin, etc. Environ
1000 planches.

611. *La Rigolbochomanie* : titre et suite complète de
30 planches, en double suite, noir et *coloriée.*
Ensemble 62 planches. Belles épreuves.

612. Les Troupiers Français. Suite complète de 50 pl.
(3 épr. *avant la lettre* ajoutées).

VUES

613. Vues de Paris et de France. Environ 190 pl., par Bacler d'Albe, Deroy, Arnout, Jacottet, Clerget, etc.

WATTIER (Ed.)

614. *La Journée d'une actrice ou 12 scènes de jour et de nuit.* Paris, *Gihaut*, 1826. Couv. et suite complète de 12 pl. — Très belles épreuves, *coloriées*.

615. Un an de la vie d'une jeune fille, 6 pl. (sur 17). — La Journée d'une actrice, 4 pl. (sur 12). — Un amateur partant pour Alger, Arrivée des amateurs en Afrique. — Cré nom, nous couper les vivres. — Macédoine (*Motte*), 6 pl , dont 1 double. — Fantaisies par divers artistes, pl. 22. — Espiègleries et Naïvetés nᵒˢ 2. — La Caricature, 8 pl., etc. — Ensemble 34 pl. (16 *coloriées*).

WILLETTE (Adolphe)

616. Chansons d'Amour, 10 pl. dans le cart. de publ.

617. Sous ce numéro, il sera vendu par lots, environ DIX MILLE lithographies, dessins ou recueils : sujets divers, caricatures, vignettes, etc., par Ed. de Beaumont, Baric, Grap, H. Garnier, Maurin, Hadol, Ladreyt, V. Adam, J. David, etc.

DESSINS · PEINTURES

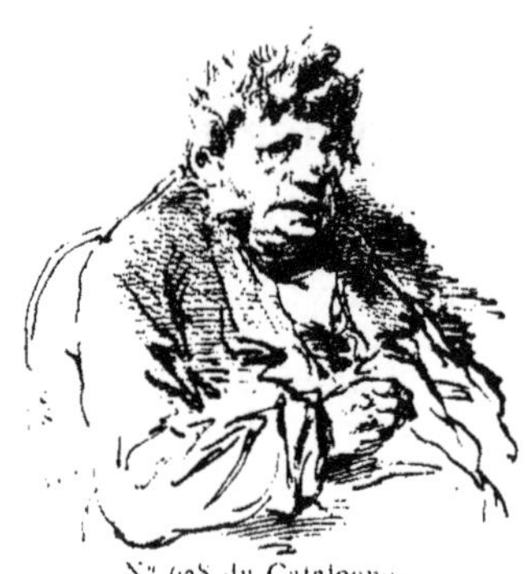

Nº 628 du Catalogue.

ADAM (V.) — ADAM (A.) — ANDRIEUX

618-619. Portraits équestres de Louis Philippe et du Duc d'Orléans. — La Rentrée des Moissons. — La Promenade à cheval. — Tête de femme. — Étude de chevaux. Six dessins au crayon ou à l'aquarelle.

AUVREST — BERNARD — GALLIARD LE CORDIER

620-621. Louis XVIII. — Deux Portraits de femmes. — Portrait d'homme à cheval. Cinq dessins à la plume et au lavis d'encre de chine.

CHARLET (N.-T.)

622. Un Cuirassier. Aquarelle. Encadrée

H. 255. L. 175.

623. Sujets de chasse, sujets militaires, scènes de mœurs, étude d'enfants, étude de têtes, paysages, 29 croquis et dessins au crayon, au lavis de sépia ou à l'aquarelle. *Ce numéro sera divisé.*

DORÉ (Gustave)

624. Projet pour un diplôme de Garde National, siège
de Paris. — A la plume et au lavis d'encre de
chine. Signé et daté 1870, cachet de la vente de
l'artiste. Cadre bois sculpté.

L. 400. H. 520.

DRANER

625. Costumes de pièces de Théâtre : Opéra-Comique,
Français, Théâtre Italien, Funambules, Odéon,
Beaumarchais, Délassements Comiques, Déjazet,
Palais-Royal, Châtelet, Gymnase, Vaudeville,
Porte-Saint-Martin, Ambigu, Variétés, etc.
Environ 450 aquarelles et dessins à la plume.

626. Caricatures, Scènes de mœurs. Environ 650 dessins
à la plume et au crayon bleu ou à l'aquarelle, la
plupart signés.

DUBOULOZ

627. Motifs pour éventails. — Projets de vignettes, 110
dessins au crayon ou à la sépia.

GAVARNI

628. Un Vieux. A la plume. *Signé* de l'initiale G. et
daté : 22 9ᵇʳᵉ 58.

H. 225. L. 175.

GILL (André)

629. Femme à mi-corps : étude de nu. — Peinture ; cachet de la vente de l'artiste. Encadrée.

H. 540. L. 440.

GRANDVILLE (J.-J.)

630. Le Rentier — La Danse de l'Ours — Études de
Têtes — Les Joueurs de Boules — Maison de
Campagne ambulante, etc. — 11 croquis à la
plume ou au crayon, un rehaussé d'aquarelle,
plusieurs signés (2 encadrés). Ce numéro sera
divisé.

GRÉVIN (A.)

631. Costumes pour travestissements, Costumes de Théâtre, 95 aquarelles ou dessins. Cachet de la vente de l'artiste.

HEIDBRINCK-POULBOT

632. Le Trottoir — Mobilier d'Acajou ; Le Petit Bleu de Paris ; La Dispute. — 4 dessins à la plume et au crayon bleu, un rehaussé aquarelle, *signés* (le premier sous verre).

ISABEY (J.-B.)

633. Portraits-charges : Cherubini — Singry — Cicéri père — Eugène Isabey — Mathieu-Dromard — Henry — Gozzoli — Maillard, etc. Réunion de trente-huit dessins à la sépia et à l'encre de chine. la plupart *signés*. Ce numéro sera divisé.

LALAUZE (Ad.)

634. Vignettes pour illustrations, 12 dessins à l'encre de chine et à la sépia, plusieurs rehaussés de gouache ou d'aquarelle (quelques-uns signés). On a ajouté 17 eaux-fortes en épreuves de remarque.

LAUCHERT (Richard)

635. Portraits de deux frères. Peinture : *signée* et datée : 1840.

H. 1ᵐ30. L. 960.

LUQUE (Manuel)

636. Portraits ou caricatures de célébrités comtemporaines : Dumas fils, Grévy, Claretie, Boulanger, A. Houssaye, Don Carlos, Tourgueneff, Potiexchine, Bismarck, Louise Michel, Rochefort, la Maréchale Booth, Caran d'Ache, etc., 155 croquis à la plume ou au crayon, en 1 album grd in-fol. oblong.

MASSON (Benedict)

637. Importante et intéressante réunion d'autographes et pièces diverses concernant la vie de B. Masson. On remarque surtout des documents sur son procès avec l'administration des Beaux-Arts, des poésies, pièces de théâtre, son journal de 1864 à 1871, événements de la guerre, etc.

MONNIER (H.)

638. Hommes d'Affaires — Aquarelle : *signée* et datée 1871. Encadrée.

L. 300. L. 240.

639. Un Guet-apens — Aquarelle : *signée* et datée 1872. Encadrée.

L. 230. L. 285.

640. Un Rasoir. — Aquarelle ; *signée* et datée 1871. — Encadrée.

H. 305. L. 230.

MORIN (Edm.)

641. Portrait. — Au crayon. — *Signé* et daté 1849. — Encadré.

NANTEUIL (Célestin)

642. Titres de musique : 39 croquis au crayon, l'un rehaussé au lavis de sépia. On a joint 5 titres lithogr. *avant la lettre*.

RAFFET (A.)

643. Un Moine. Aquarelle. *Signée* et datée : 1849. Encadrée.

H. 305. L. 220.

644. Le Beau Chanteur : Chasseur Autrichien, tenue de campagne ; Officiers Autrichiens ; Les Dragonnades ; Vignettes pour Les Girondins, etc. — 11 croquis à la plume ou au crayon.

645. Gigia.   Paysannes de Gênes coiffées de la Mantille blanche. — 2 dessins à l'aquarelle ou au crayon.

TRAVIÈS (C. J.)

645 *bis*. Un Insurgé 1848 — Une femme — Bicêtre — Un Couple — Chiffonnier — Quartier du Jardin des Plantes — La Méridienne, etc. — 12 croquis à la plume (sauf 2 au crayon), la plupart signés.

WILLETTE (Adolphe)

646. Deux feuilles de croquis, au crayon.

647. Sous ce numéro, il sera vendu les dessins omis au catalogue.

FRAZIER - SOYE

IMPRIMEUR

153-155-157, rue Montmartre

PARIS

www.ingramcontent.com/pod-product-compliance
Ingram Content Group UK Ltd.
Pitfield, Milton Keynes, MK11 3LW, UK
UKHW031833170726
13836UKWH00004B/1652